本郷孔洋の

経営ノート2021

〜ズバリ！ コロナ後のビジネス、
大消費時代到来の予感〜

TOHOSHOBO

はじめに

――目指すは、偉大なるマンネリズム

経営ノートも今年で一一年目に入りました。

私が目指すのは、不遜にもテレビ水戸黄門です。

キーワードは「**偉大なるマンネリズム**」。

毎年代わり映えせず、スミマセン。

今年のテーマはズバリ、**コロナ後のビジネス**です。

本文で詳しく書きますが、私は、コロナが今まであいまいだったりもやもやしていたことを全部取り払ってくれた！と思っています。

一つは、**リモート、テレワーク現象**です。

SNSが発達すれば、会社の形態も組織も変わらざるを得ないだろうなと思っていました。

コロナではっきりしましたね。ホントの働き方改革は、コロナが教えてくれた！

すると、リモート化の道具として、**DX化**、**IT化**を進めざるを得ない。

――すべて、物事は必然、偶然はない！


私の好きな言葉ですが、コロナでも同じです。

もう一つは、**経済が安心・安全に負けた**という事実です。

SNSの発達は、影響力＞お金の関係を生みました。

コロナは、安心・安全＞お金（経済）現象を起こしました。

もうお金は、最優先重要課題の第一位の座を明け渡したんですね。

勉強になりました。ビジネスの方向性が見えてきました。

稼いだらこれだけやる、こんなインセンティブのやり方は、古くなるかもしれませんね。

三番目は、**バランスシートエコノミー**がここまで進んだか、というのをまざまざと見せつけられました。

コロナ後の株高を見ると、私の想像をはるかに超えています。

それでインフレにならない不思議、経済学者泣かせの経済に突入です。

正直、今年はテーマに困らず、書きました。

さてさて、毎年ですが、私にお付き合いいただいている読者の皆さまに感謝です。

そして、いつも私の編集のパートナーである東峰書房の出口雅人さんには、大変お世話になりました。

この場をお借りしまして、御礼申し上げます。

二〇二一年二月　本郷孔洋

［経営ノート 2021］ 目次

第一章

コロナで見えたこと！

一・コロナが経済に勝つ

――年号が変われば事件が起こる

平成はバブル崩壊から始まり、令和はコロナから始まった。
昭和も恐慌から始まりました。
コロナが始まる前に気が付くべきでした(笑)。
「なにか大事件が起こる」……と、もし予測していたら、今は時の人?
それができないのは私の人生。
「事件が起きてからは皆賢人」
私もその一人です。
幾つになっても反省ばかり。
この章は、コロナで私が感じたことから書いてみます。

――「ストーリーの語り手が歴史を支配する」

プラトンの言葉にこんな名言があります。
また、「驚きは、知ることの始まりである」。これもプラトンです。
コロナをプラトンが視たら、どんな言葉を残すのでしょうか？

――コロナとかけて何ととく？

コロナから逃げるな！でもコロナと戦うな！（私はそう思っています）
コロナは交渉できない！
妥協もできないし、鼻薬も効かない。だから大変。
ワクチンしか勝てません。

コロナデフレ
　コロナはデフレを加速させました。
コロナチャンス
　コロナはビジネスチャンスでもあります。
コロナテック
　ご承知のように、デジタル化、リモート化が急速に進展しました。

――私って鈍いのね

七五歳で生涯初めての体験、コロナ体験です。

「年をとるということは、出会うより別れが多いということ」

好きな作家だった藤沢周平先生の言葉です。

でも、私は不遜にも逆で、コロナにも出会えて、こんな大きな新しい出会いに実は感謝しています。

自分の年から考えますと、不安ももちろんですが、怖いもの見たさ、こっちの方がむしろ強かった。

今年（二〇二一年）もwith coronaが続きますが、**コロナを契機として、社会も経済もビジネスもまったく景色が変わる**。ある意味で、それを想像すると、ワクワク感があります。

私は、どうも先天的に、鈍い（笑）。

本当に怖いのはコロナではなく、人々が抱くコロナへの恐怖心である（「コロナで民族大移動？　存在意義が揺らぐ開業医」『週刊ダイヤモンド』二〇二〇年六月二七日号、ダイヤモンド社）。

コロナへの恐怖心の方が、経済への影響は、大きい。

めどき（雌時）の時代は、その環境下でビジネスをしなければならないなーと、私は勉強になりました。

――おどき（雄時）とめどき（雌時）

昔、観阿弥が世阿弥に「人生にはおどき（雄時）とめどき（雌時）がある」と教えました。

当時は男尊女卑の時代ですから、「雄時は良い時、雌時は悪い時」と教えたのです。

観阿弥は怒るかもしれませんが、私は、勝手に雄時は男性の時代、雌時は女性の時代と使っています。そう考えると、**今は、完全に女性主導の時代、雌時**です。良し悪しではけっしてありません。雄時は、男性が活躍する時代ですから、戦争の時代ですが、今みたいに戦争がない時代（世界大戦）は、男性の存在感が薄くなります。

世の中、完全に女性の時代です。雌時なんですね。

コロナが雄時の時代だったら、「お前、○○○○あんのか！」と怒られ、経済を優先させたでしょうね。

雌時は違います。

雌時のキーワードは、**安心・安全**です。

卑近な例でも、「お父さん、家にいなさい」と奥さんや娘さんに言われて、外出禁止にされた人は多いはずです。

半年も床屋さんに行けない人もいて、いや、髪がボウボウでした（笑）。

娘さんから外出禁止令が出て、半年も降圧剤をお医者さんに取りに行かないで血圧が上がってしまい、やっと取りに来た人もいたそうです。

死ななくてよかった。

――貧困、宗教、コロナ

貧困、宗教、コロナ、これに横串を刺しましょう。

イスラエルで感染拡大していた時のワールドニュースを見ていて、びっくりしました。

感染拡大地域は、テルアビブの貧困地域で、しかも熱心なユダヤ教の信者が多く住む地域でした。

その時、ユダヤ人でも貧しい人がいるのに驚きました。

しかもユダヤ教の熱心な信者、そしてコロナだなーと我流ですが、ハラオチしましたね。

貧しい人、しかも宗教の熱心な信者、共通項は、三密です。

なるほど、これでは感染が拡大します。

麻生さんは、日本人は民度が高いので感染が少ないと言っていましたが、それと、「貧富の差が少ない」、しかも「無宗教」、これも、感染が世界の中で少ない理由ではないかなー？

日本は医療環境もいいので、死亡者も少ない。

亡くなった堀場製作所の堀場雅夫元会長でしたか、「犬にレインコートを着せて散歩している間は日本は大丈夫」と言ってました。

けだし、名言です。

――長生きの必要条件？

コロナは、もっと長寿社会を作る？

私が駆け出しの時にカバン持ちをした先生方には、過去に肺疾患を患ったという人が何人かおりました。戦後、肺結核で片肺という人が多くいた時代です。

特に私が師事した先生は、脊椎カリエスで、一〇年もベッドでの療養生活をしていました。

その先生は、仕事中でも始終トイレに行き、よく手を洗い、うがいを何回もしていました。それを見て、随分面倒なことをするなと当時思っていました。

でもその先生は、大病したにもかかわらず、亡くなるまで元気で長生きでした。

それに比べ、他の肺を患った先生方は、短命でしたね。

比較して考えると、もしかしたら、手洗いとうがいは、長生きの必要条件かもしれません。

コロナで、**「手洗いとうがい」**が常識になりました。

不精な私もするようになりましたしね（笑）。

すると、この危機を乗り越えると、もっと元気な長寿社会が来る？

例年よりインフルエンザも減りましたしね。

――コロナが経済に勝つ

安心・安全∨経済、経済は最重要課題から陥落。

昨年実施された**韓国総選挙**（二〇二〇年四月）は周知の通り、政治経済より、コロナの圧勝でした。文在寅《ムンジェイン》大統領の与党、「共に民主党」など親大統領勢力がコロナ対策に成功し圧勝しました。

選挙前まで不人気だった現政権でしたが、コロナで一点突破です。

ニュージーランドの総選挙（二〇二〇年一〇月）も現政権女性首相アーダーンの労働党が、コロナ対策を評価されて圧勝でした。

注目した**アメリカ大統領選挙**は、バイデンが圧勝とはいきませんでしたが、勝ちました。コロナ重視の七三％がバイデンに投票し、雇用重視の八一％がトランプに投票したと言います。

私個人的には、コロナがなかったらトランプの再選だったと思っています。

――「一人の生命は地球より重い！」

スペイン風邪で、いち早く都市封鎖をしたアメリカの「セントルイス」の例は、感染を防ぐのに効果的だったと歴史が言っていました。

なにもしなかった「フィラデルフィア」に比較して、死亡者数が半分以下だったと言います。

一方、その結果経済の回復は、逆に遅れたとも言われています。

豊かになってくると、**経済は一番ではない**。私はハラオチしたなー。

――最大のコロナ対策は免疫力
個人的にはコロナにはかかりたくない！

少し横道に入ります。

私が一緒に食事をした親しい知人が、コロナに感染、発症しました。映画のような『**今そこにある危機**』が日常になったなーと思った瞬間でした。

隣のコロナで、誰でも感染リスクがあるんだなーと実感しましたね。

さて、感染した人は入院しました。

ところが、病室で隔離され、なんの治療もしてくれず、いわば病室への幽閉です。

カミュの『ペスト』によれば、封鎖された都市の描写で、「それは自宅への流刑であった」そうです。

テレビで感染患者の映像は随分見ましたので知っているつもりでしたが、現実に親しい人の生の声を聞くと、入院も地獄だなと実感しました。

私はキモは免疫力だと信じて、自粛中はもっぱら体を鍛えていました。

私の日常は三分法です。

三分の一がジム通い、三分の一が病院通い、残りの三分の一で仕事をしています。

「朝一番に歯をみがく」。これも実践しています。

朝はつばが不足し口内の免疫力が落ちているとなにかで読んで、それからの習慣です。

しょっちゅう口内炎ができていましたが、それ以来、できていません（今のところですが……（笑））。

ある有名なドクターの、長生きは病院通いに比例するとのご託宣を信じてよく病院にも行きます。

「自分以外は皆師匠」。しみじみ巨匠吉川英治の残した言葉を噛み締めています。

コラム——国民と企業の間で、揺れ動く日本の政治

頭　B to C
体　B to B
例えばGo To トラベル・イートキャンペーン。

観光関連企業救済が第一です。

日本の政治は、ビジネスに例えますと、B to B モデルです。

今の世界先進国の主流は、大衆迎合のポピュリズム（populism）です。

国民優先が第一（first）です。B to C モデルなんですね。

Go To を見ていますと、日本の政治の弱点が露呈したように感じます（エラソウですみません）。

頭では政治家も「国民第一」と思っていると思うのですが、どうしても従来のB to B モデルで走ります。

要するに、頭　B to C、体　B to B なんですね（図1）。

コロナ第三波が来て感染者拡大につれて、内閣支持率が下がったのはうなずけます。

B to C モデルでは、コロナ対策優先でいかないといけなかった……のかな？

なーんてね。

図1　頭　B to C　体　B to B

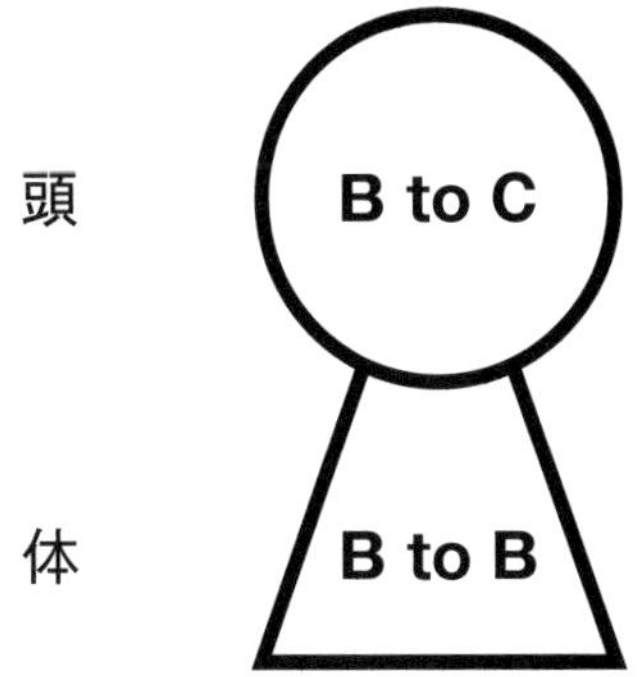

二・分断、そして歴史の転換点

——民主主義はコロナに弱い

コロナと民主主義では、二律背反であることがよくわかりましたね。

発祥地と考えられている中国が、最初に経済を回復させました。

図2のように先進国はKの現象が起きました。

イギリスのブレア元首相が、「ヒストリー・イズ・バック！（History is back!）」と発言しました。

要は、死んだ共産主義が生き返ったことを

図2　K型予想（GDP）

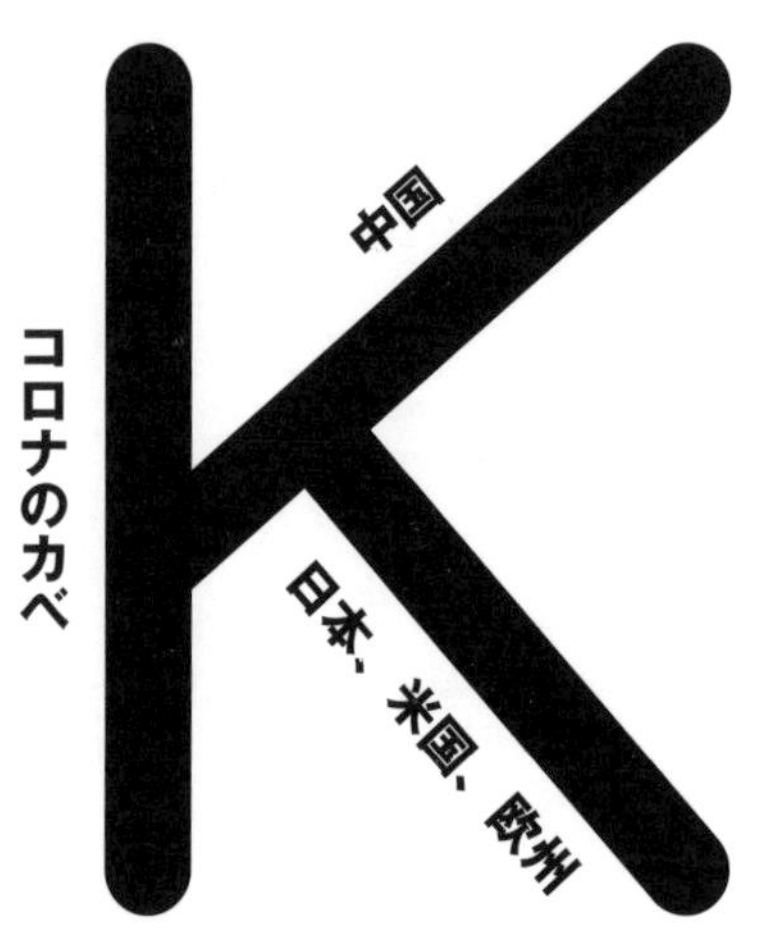

言ったんですね（ネットから）。

その中国は、デジタル専制主義と呼ばれる個人の行動管理が勝因とされています。

デジタル時代では、号令一下の強制力がかえってキモです。

その意味でも、中国は強いですね。

それに比して、欧州、日本のように、個人の自由を尊重する民主国家こそ、回復が遅れました。

いくらデジタル化しようと思っても、利用者の国民の判断次第では、普及が遅れます。マイナンバーがいい例ですよね。個人情報保護という錦の御旗がありますから、浸透が遅い。

デジタル＝共産主義＝専制国家、この方程式がぴったりはまって、世界最速で成長した中国を見ますと、シロウトながら、**共産主義とデジタルの相性の良さ**を感じます。

かつて、旧ソ連、スターリンの国家経済五カ年計画＊が、当初成功していたにもかかわらず結局失敗したのと比較しますと妙にハラオチします。

スターリンの時代は、人が主役の時代だったんですね。

人には意思がありますから。

一方、今回は、デジタルが主役です。デジタルが先、人は後、共産主義との相性の良さは抜群です。

＊一九二八年から一九三二年の間、ソ連のスターリンの指導で実施された、急激な重工業化と農村集団化を柱とした、社会主義国家建設計画。（ネットより）

――分断（Decoupling）

コロナで鮮明になったのは、**分断（Decoupling）**です。
キーワードを挙げてみても、次のことが分かりました。

・経済優先と安心・安全の分断

・アメリカの分断
大統領選挙で先鋭化した、アメリカ国民の分断です。
南北戦争以来の国の分断と言われています。

・経済の分断
代表的にはアメリカと中国です。

・都市と地方との分断
「帰って来いよ！」という親が、「帰って来るな！」ですからね。
私も、故郷の岩手に帰れませんでした。
親子の分断もあります。

・会社と家の分断
テレワークは、会社ってなーに？を加速させましたね。

経営雑誌でも特集していました。
「特集　コロナ　国際化　高齢化で進む　首都圏分断　「移動なき社会」の未来」
PART1　テレワークで増える「自宅2㎞圏」で暮らす人々
通勤のない生活に慣れた後は？
満員電車での通勤に戻れるかな？
PART2　異文化ゾーン急増で〝包囲〟され始めた日本人
在留外国人が二九三万人（二〇一九年現在）、それぞれ、チャイナタウン、ミャンマータウン等を作り、街のモザイク化が進み異文化の分断ゾーンを作っています。

本誌によれば、
・新大久保（韓国、中国）
・高田馬場（ミャンマー）
・十条、板橋、赤羽エリア（ネパール、ベトナム）
等々。

逆に、主人が外国人というニセコのような高級リゾートもあります。サービスするしもべは日本人、チップをもらうのが日本人というわけです。

失われた三〇年のデフレは大きい。

PART3「昭和の郊外団地」に分断される高齢者
足がないから大変です。

過疎化により、スーパー等が撤退し、商店街もシャッターが下りていると言います。

PART4「移動なき社会」が育む3つの注目分野
・小商圏型ビジネス
①**「ビジネスの小商圏化」**がキーワードです。
②近距離モビリティ

③家の要塞化

（以上、「特集　コロナ　国際化　高齢化で進む　首都圏分断　「移動なき社会」の未来」『日経ビジネス』二〇二〇年一〇月五日号、日経ＢＰ社）

そして、ＢＳとＰＬの分断。これは後述します。

――疫病は歴史の転換点

私はいつも半可通＊１で懲りなく中途半端！

二〇一七年の経営ノートで、インバウンドを取り上げ、一六世紀の大航海時代になずらえ、「大航海時代のビジネスチャンス」を書きました。

ＳＮＳとＬＣＣの発達が民族大移動を後押ししました。

でも、肝心なことを失念していました。民族大移動は、必ず、負の遺産を残す、これをすっかり忘れてしまいました。

疫病も大移動します。

後の祭りです（笑）。

ところで、**歴史の転換点には、必ず、疫病**がからみます(「〝疫病史観〟の人類史 インカ帝国を滅ぼした天然痘 近代国家を生んだコレラ」飯島渉著、『週刊エコノミスト』二〇二〇年五月二六日号、毎日新聞出版)。

例えば、

①天然痘

インカ帝国を滅ぼした原因は、ヨーロッパから持ち込んだ天然痘で免疫のない多くの原住民の命を奪った結果、インカ帝国の滅亡を招来しました。

②コレラ

インドの風土病だった、コレラの蔓延は、イギリスのインド植民地化の代償と言われ、その結果、対策として、上水道の整備が進み近代国家が生まれました。

③スペイン風邪

第一次世界大戦に参加した兵士がヨーロッパに持ち込んだというスペイン風邪。結局、覇権国イギリスが衰退し、発祥地のアメリカに主役が交代した。

④そして、コロナ?

このデンで言えば、発祥地と考えられている中国に覇権が移行するように思われますが……。

でも、鄧小平の教え＊2を破った今の習近平体制の行動が気になります。二〇三五年には、世界一になると宣言しましたから。

虎の尾を踏んでしまった？

トランプ前大統領如何にかかわらず、米国の疑心暗鬼を生みましたものね。

コロナは、リスクの終わりの始まりです。

大小は別として、リスクは繰り返し発生します。

「平成」になって、平静でない時代になったと言われてきました。

多分、令和は、平成以上に毎年のように、身の危険なことが発生します。

＊1　半可通

よく知らないのに知ったふりをすること。通人ぶること。いいかげんな通人。

＊2　韜《とう》光《こう》養《よう》晦《かい》

一九九〇年代に最高指導者、鄧小平が強調した「才能を隠して、内に力を蓄える」という中国の外交・安保の方針。

やはり、鄧小平は偉かった⁉

――アジアの時代の本格化、グローバル時代の終焉？

故村山節《むらやまみさお》氏に『文明と経済の衝突』＊という有名な著書があります。

村山説によれば二〇〇〇年から、**東洋の世紀**、アジアの時代にシフトしたとのことです。

コロナの被害もアジアは少なかったですし、いよいよアジアの時代が本格化する予感が私にはします。

二〇〇〇年から東洋の世紀が始まり、二四〇〇年がピークになるというのですから、大分先の話ではありますが。

＊『文明と経済の衝突』（村山節・浅井隆共著、一九九九年、第二海援隊）

東洋文明と西洋文明の主導権が入れ替わる時期（＝転換点、八〇〇年に一度）。

この転換点の時代には、必ず次の三つのことが起きる。

（1）異常気象、地震などの天災の頻発
（2）ある地域で深刻な食糧難
（3）民族の移動と戦争

二〇一一年のシリア難民。難民も民族の大移動です。

――今どきの芸者さんは国？

財政規律と金融緩和。

日本のケインズ、高橋是清翁の有名な芸者理論＊1でいきますと、コロナ関連給付金は現代の芸者さんでしょうか？

例えば、テレワークでテレビの売れ行きが好調でした。売れ筋も一〇万円、一〇万円の給付金とピッタリ（笑）。

そこで、やはりMMT理論＊2に行きつきます。

図3は、中野理論ですが、注目して欲しいのは、財政支出伸び率とGDP成長率は比例するんですね。

図3　OECD33カ国の財政支出伸び率とGDP成長率の分布
（1997～2015年の伸び率を年率換算）

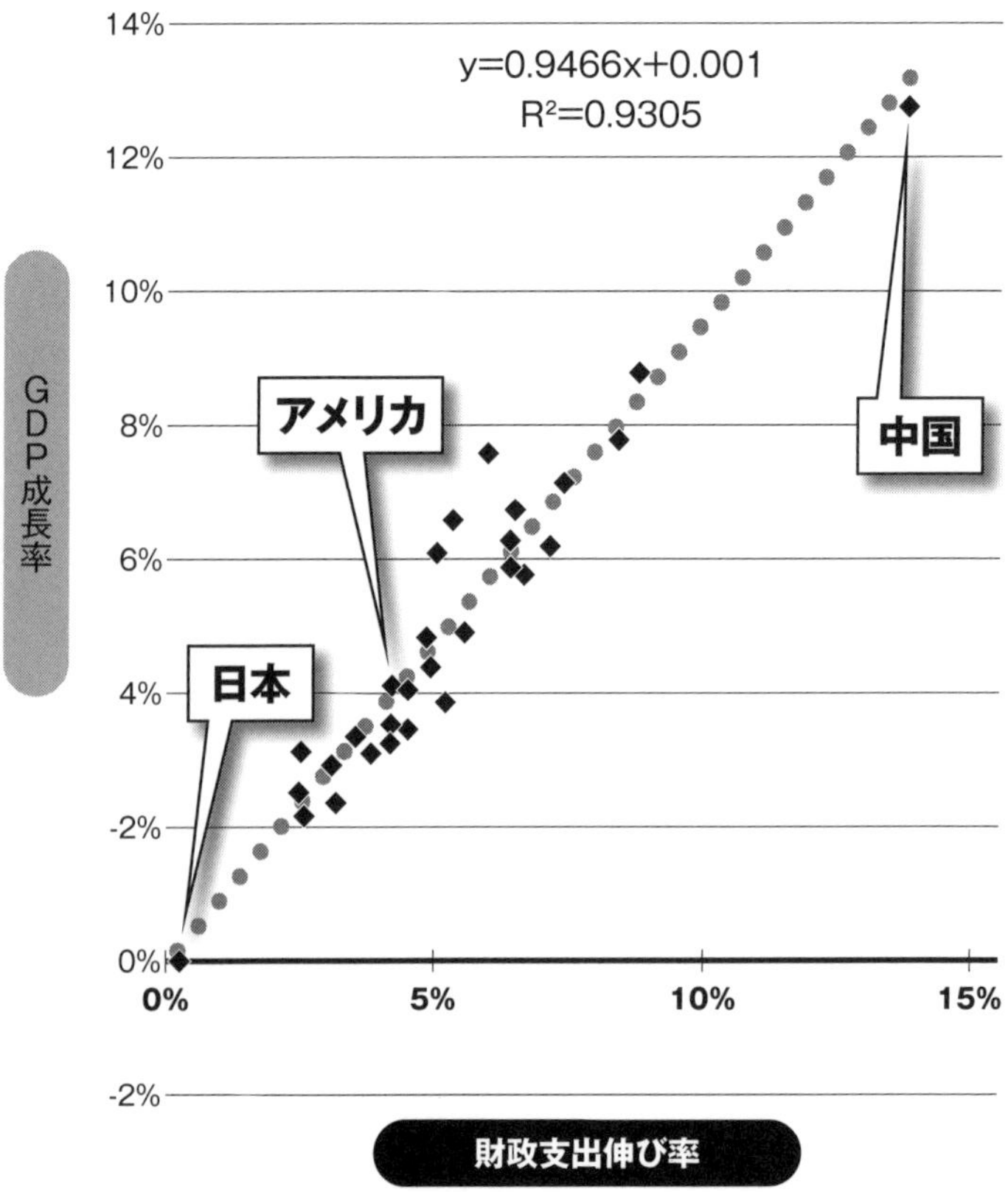

※内閣府及びOECD統計より、島倉原氏作成。
※GDPと財政支出は各国通貨建ての名目値。
※財政支出は、GDP統計上の一般政府部門（日本は公的企業含む）の投資と消費の合計。
※点線は回帰直線の式「GDP成長率=0.9466×財政支出伸び率+0.001」を、R^2は同式の決定係数を示している。
出典：中野剛志著『目からウロコが落ちる　奇跡の経済教室【基礎知識編】』（二〇一九年、KKベストセラーズ）、『全国民が読んだら歴史が変わる　奇跡の経済教室【戦略編】』（二〇一九年、KKベストセラーズ）、『富国と強兵：地政経済学序説』（二〇一六年、東洋経済新報社）

図のように、財政支出の大きい中国が、GDP成長率が一番高いですね。

問題はハイパーインフレですが、私個人的にも、当分「永遠のゼロ」が続くと思っています。

でも、理屈上は、将来国家にリターンが返ってくる投資としての歳出が望ましいのは論を俟ちません。

現に、中国は、今回の景気対策での財政支出は、次世代の通信とか将来のインフレ整備につぎ込んでいると言われています。

私個人的には、日本の制度疲労を起こしている、古くなった橋とか道路、河川等に思い切って使ったらいいなと思っていますが……。

＊1「芸者遊びで二〇〇〇〇円を使ったとしてもその金は転々として農工商漁業者の手に移り、二〇倍、三〇倍になって働く」
「個人は二〇〇〇円を節約するほうがいいが、国の経済は違う」（ネットより）
＊2　図3参照

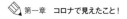

――**『企業家としての国家(The Entrepreneurial State)』＊**

この本は、公的資金がイノベーションの原資になったと書いて話題になりました。民間がイノベーションを起こすというのはウソで、**真のイノベーターは、国家である**とする本です。

今我々が当たり前に使っているインターネットにしても軍事技術の転用です。アポロ計画もイノベーションの役割を果たしました。

一〇万円の給付金も大事ですが、未来を考えると**企業家としての国家**はもっと大事です。一〇年ぐらい前でしたかね。ある人から水素自動車の優位性を聞いたことがあります。EVなんかよりよほど良い、と教えてくれました。

その時期に国が財政支出をして、普及のためにインフラ整備、水素ステーションの設置をするなどしていたら、今ごろ、水素自動車が世界中を走っていたのではないか？

私はこんな妄想をします。

中国は二〇三五年の強靭化計画にちゃっかりハイブリッド車、ＥＶ車、水素自動車を並べています。今の国力だと、水素も中国に取られそうです。

＊『企業家としての国家　イノベーション力で官は民に劣るという神話』（マリアナ・マッツカート著、大村昭人翻訳、二〇一五年、薬事日報社）「iPhoneのコア技術も環境技術も、企業家精神を持つ国が高い投資を行って実現した技術である」

――コロナのツケ？

大きな声では言えませんが、コロナ様様！という話が私にも届くくらいユルフンの大盤振る舞いでした。バンバン融資をしましたものね。

でも、無利子でも返済しなければならないんだ！こんな基本的なことが失念するぐらいの勢いでした。

雑誌でも、特集で警鐘を鳴らしています。

ＰＡＲＴ１　困っていない人が「無利子・無担保」で太る　相次ぐ珍現象と不公平　あふれるお金、誰のため

ＰＡＲＴ２　収支は既に六七兆円の大赤字　財政・金融「双子の肥満」　解消シナリオは非現実的

コロナと「日本の借金」大盤振る舞いのツケ

資金繰り支援　一五兆円

持続化・家賃支援給付金　六兆円

雇用調整助成金　二兆円

（以上、「特集　コロナと「日本の借金」　大盤振る舞いのツケ」『日経ビジネス』二〇二〇年九月二八日号、日経ＢＰ社）

――財政破綻はあるのか？

毎度おなじみになりましたテーマです。

歳入（民間の売り上げ）と同じ額の国債残高（借金）になったころから財政は持たない、というのが当時の私たち専門家の常識でした。

私も会計専門家の端くれですから、二〇年前から、日本の財政は持たないだろうと、ドル預金を推奨していましたが、ことごとく外れました。

むしろ、円高が進んで為替で損したという過去の苦い経験があります。

――インフレにもならない

お札を刷ればインフレになると思っていたのですが、インフレにもならない。

むしろ、デフレが続いています。

何回も書きますが、「**永遠のゼロ**」と言われる、低金利が長期間続いています。

――官製コロナバブル（加藤出氏）

しかも、コロナでの**大幅な金融緩和**です。

先進国中で金融緩和をしましたから、それが資産に流れ、株高、不動産価格はむしろ上昇しています。

――財政破綻は当分ない！

私も何年も前から考えを変えまして、当分国家破綻はないな？　と思い、毎年の経営ノートでもそう言い続けてきました。

特にＭＭＴ理論を聞いた時、経済はシロウトなのですがハラオチしまして、私の命がある間は、大丈夫と変に確信しています。

多分この本を読んでいただいた方も大丈夫です（笑）。

――国が主たる債務者

リーマンショックの時は、主な債務者は金融機関でした。

コロナ時は主たる債務者が国家、あるいは、中央銀行です。

これは大きな違いです。

国は潰れそうになれば、お札を刷れますから、潰れません。

――だからといって、ハイパーインフレもない

大分前に、トルコ、アルゼンチン等国家破綻をした国について勉強したことがあります。

対外債務があれば、破綻の要因になりますが、日本はむしろ対外債権があります。それを見ても**日本の国家破綻はない**と何年も前から思っています。

さて、ハイパーインフレですが、加藤出氏がレバノンを例に出し次のように言っています。

「政府（引用者注：レバノン）が膨らませてきた自国通貨建て債務を、同国の中央銀行はマネーを刷って支えてきた。しかし、昨夏（引用者注：二〇一九年）から多くの国民は「この国の財政

は持たない」と恐れ始めて金融資産を外国へ逃がし、それにより為替レートのフリーフォール（急落）が起きた」（「金融市場　異論百出　物価低迷時代の今こそ知るべき現代のハイパーインフレの実態」加藤出著、『週刊ダイヤモンド』二〇二〇年九月一九日号、ダイヤモンド社）

長々と引用しましたが、要するに**国民が自国通貨を信用しなくなる時、**ハイパーインフレが起こるんですね。

日本は、そんなこと今のところありません。

コロナで亡くなった志村けんさんではないですが、だいじょうぶだぁと私は思っています。

三．コロナ後が怖い

――実経済

私は、**実経済**はこれからが勝負だと思っています。

国の徹底したコロナ支援の大幅な金融緩和は、効果的であまり倒産はありませんでした。

でも、これは、言わばカンフル剤、ミルク補給で助けたという側面もあります。

ガス欠になる前に、企業が業績を回復すれば問題ないですが、もしその時に回復できていなければ、問題の先送りというだけになってしまいます。

私は、東日本大震災の経験から、最悪弊社のお客さんが二割減るだろうと心配していましたが、政府のお陰で、影響は今のところ比較的軽微で済んでいます。

実は、これからが勝負と考えています。

私は、「**二〇二一年は体制を整える年、そして二〇二二年に備える**」、このように思っています。

第二章

ズバリ！ コロナ後のビジネストレンド、私の見立て

⬇まだら模様のコロナ後のビジネス！

⬇流行に騙されるな！

仮説1・寡占化

――企業の集中化、二極化はもっと進む。長期トレンドに騙されない！

コロナは「ビジネスの主役交代」、終わりの始まりです。歴史的に大きな出来事の後は、主役が交代します。

私の経験でも、過去にいくつかの大きな出来事がありました。

一番大きな出来事は、バブル崩壊、リーマンショックです。

大きな出来事の度にビジネスの主役が交代してきました。でも交代のしかたは、単純に言えば、**集中化**です。

ニュービジネスの勃興は、私の経験では、少ないですね。ある人は、「バブル崩壊後、大成長を遂げたのは、ソフトバンクグループぐらいしかいない」と喝破していましたが、けだし卓見です。

付け加えますと、日本電産、ユニクロ。これが、御三家です。

後あるかなー？

私は毎週ほとんどの経営雑誌を読んでいますが、登場人物が限られていて、正直ネタ枯れです。そのネタを元に毎月私の勉強会（Ｈｏｎｇｏ ＣＬＵＢ）を開催していますが、私もネタ枯れでアップアップです（笑）。

――バブル崩壊後

バブル崩壊後は何が来るか？

当時、私は考えて、インターネットだと思いました。

でも、違いました。

その後、バブル崩壊の混乱に乗じて、外資のファンドが不良債権処理で跋扈しました。その間、進んだのは、**金融機関の集約**です。都銀が終焉し、メガバンク三行に収斂しました。

そして、どの業界でも準大手がなくなりましたね。

インターネットは、ＩＴバブル崩壊を経て、今がやっとビジネスの主流です。

三〇年かかっているんですね。

――リーマンショック後

バブル崩壊で、大企業が痛んだ間隙を縫い、新興企業、特に不動産会社の勢いはすごかったのですが、リーマンショックで、失速しました。

逆に不動産会社は、大手に集約され、かえって寡占化が進んでいます。

――そして、コロナ後

単純に言いますと、二極化、集中化、寡占化が進みます。格差が一層進みます。

体力勝負ですから、コロナ直撃三業種＋ワン、ホテル、レストラン、小売り、そしてアパレルは、集中化が加速しますね。

――企業内での主役交代

むしろ、企業内での主役交代ができない企業は、喰われて失速すると思っています。

大小問いません。

・若返り

若返り、これも急務です。でもコロナは若返りを加速させますね。

・みんなが主役

一番のポイントは、企業は「みんなが主役」にすることです。

経営の民主化と一体です。

ＳＮＳ時代は、みんなが主役の時代です。

私個人的には、これらができなかった企業は、すぐにではありませんが、なだらかに失速していくと思います。

近未来ですが、大胆に言いますと、「**大企業の半分は失速する**」のではないでしょうか？

仮説2．デジタルが先、ビジネスは後

――タクシー業界にビジネスの未来を見る

コロナではっきりしたのは、企業、業界を考える前に、**デジタルが先**にあるということです。

例えば、東京のタクシー業界を見てみましょう。

デジタル決済は、日本交通グループとkmグループにはっきりと二分されました。

昔は大手四社と言われて日交、km、大和、帝都に分かれていました。

今は、日交、帝都が同じデジタル決済（電子決済）、km、大和が同じデジタル決済です。

また、二グループの下で中小のタクシー会社が徐々にですが同じ決済をするようになりました。

いずれは、利用者も二グループの決済ツールがあれば、キャッシュレスでタクシーに乗れます。逆に考えますと、デジタル（決済）の下に会社があるということになります。

この決済プラットフォームを握れば、会社はどうでもいいということになります。

デジタルの下で集約化が始まります。

――隣のデジタル

デジタルをテコにプラットフォーム化をすれば、共通の基盤になり、デジタルの下に会社があるという例は地味な駐車場管理の業界にも新風を吹き込みました。

例えば、ハッチ・ワーク。

月極駐車場の管理業務をデジタルで使い勝手良くしたんですね。

スマートフォンで、月極駐車場の利用者の検索サイトを作り、スマホ一つで登録、申し込み、契約を一気通貫でできる仕組みを開発しました。

この会社は、

①利用者の利便性

「アキマチ™」で、満車の駐車場が空くと、すぐ利用者に分かります。

②管理業者の利便性

駐車場の管理業務は、賃貸住宅の管理に比して低収益です。

その手間暇を解消したのは、管理業務の請負です（月極パートナーシステム）。

いわば、ユーザーと管理業者の両取りを可能にしたのは、デジタルです。

そのうち、参加する業者は、いずれ離れられなくなります。

ここでも、**デジタル∨会社**の関係になります（以上、「フロントランナー 創造の現場 ハッチ・ワーク（月決め駐車場の運営支援） 月決め駐車場もっと便利に」『日経ビジネス』二〇二〇年九月七日号、日経ＢＰ社）。

コラム――離れられない関係

知人にとてもマッサージのうまい人がいます。

彼の自慢は、奥さんは何があっても絶対に自分と別れないということでした。

いわく、「俺のマッサージが彼女には絶対必要なんだ」。

ビビッと来た！ と熱い関係でも、すぐ醒めて別れることを思うと、けだし真実です（笑）。

ビジネスも同じモデルがあった。

「悪女の深情け関係」と揶揄されていましたが、一旦、コンピューターシステムを入れるとそのシステムの不具合があっても、変えられない関係を言っていました。

良し悪しは別として、デジタルのプラットフォームを握りますと、離れられない関係になります。

一にデジタル、二にデジタル、三四なくて、五にデジタル、ずっと下がって企業があります。

仮説3・バランスシートエコノミーの深耕

ここ二、三年の経営ノートで、しばしば、**バランスシートの時代**が来たと書いてきました。

二〇二〇年のテーマはズバリ、「バランスシートで稼ぐ」でした。

経営者は、二つの眼を持てとも言ってきました。投資家の眼（バランスシートの眼）、稼ぐ眼（損益計算書の眼）です。

今回のコロナは、私の想像以上に株高になりました。

ＢＳとＰＬの分断（Decoupling）です（図４）。

正直私の想像をはるかに超えていましたね。

まとめると次のようになります。

- **ＢＳ経済 ＞ ＰＬ経済**
- **金融経済と実体経済の分断（Decoupling）**
- **実体デフレ ＜ 金融インフレ**
- **ＰＬ〇ビ、ＢＳ〇金**

図4　もう一つのK

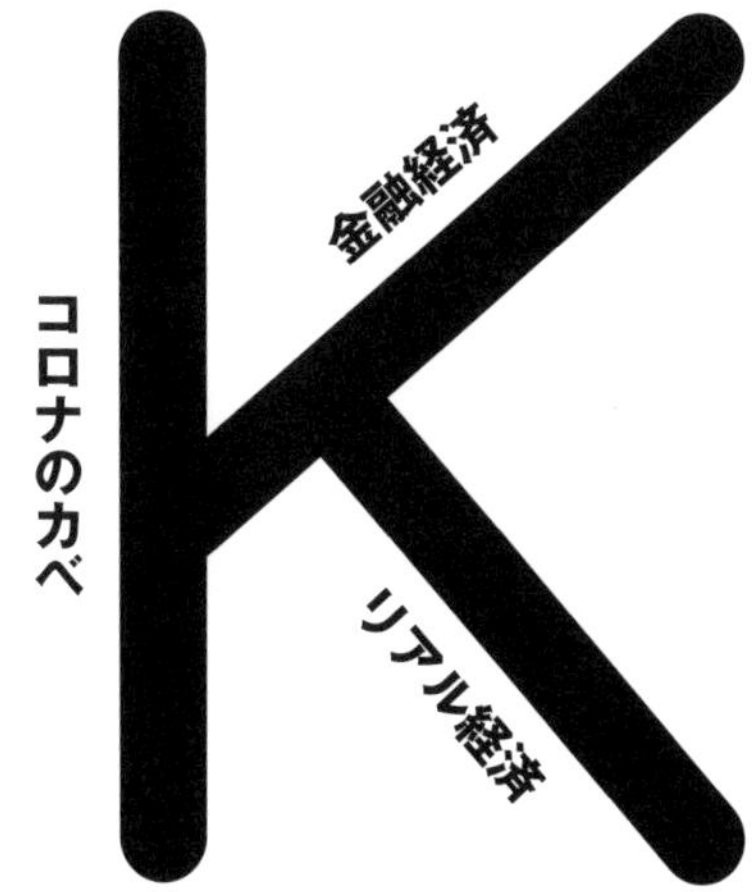

単純に言います。

企業も個人も**「不労所得で稼ぐ！」**時代です。

コロナで直撃を受けた企業でも、不労所得があれば少しでも防波堤になりました。

――井戸を掘る人水を飲む人

私の経験では、企業には二つのタイプしかないと思っています。

一つ目は、一生懸命井戸ばっかり掘っている会社。世間的に評判は良いが、あまり努力が報われず、儲からない会社。

二つ目は、掘ってくれた井戸から水ばっかり飲んでる会社です。世間の評判はイマイチですが、寝ながら大儲けをする会社です。

PL経済とBS経済の分断は、一層それを加速しますね。私の理想は、井戸を掘りつつ、水も飲むです（笑）。

イ　BS（資産）インフレ

ルール1　株は経済ではない
ルール2　株は経済ではない
ルール3　株が経済だと思ったらルール1を見よ！
誰かが言った名セリフです。
もう株は、超経済学の世界ではないでしょうか？　株高を見ると、つくづく資産インフレを実感します。

ロ　PL（実体）デフレ

サービス業デフレ、**「不要不急をやめれば不景気になる」**。
コロナはまさに、その言葉を実証しました。
もともとデジタル化は、デフレを加速させます。

――モノはもともとデフレ

あんなに不足していたマスクは、すぐ、どこでも買えるようになりました。

専門家がモノは不足すると言っていましたが、世界的に生産力はすごいですね。

これもＩＴ化の進化が生産力を飛躍的に向上させたのでしょうか？

ですから、モノ不足にならないですね。

――オイルショックの思い出

一時、マスク不足で、ひがみかもしれませんが、ドラッグストアの応対はひどかった。

それで、オイルショックを思い出しました。当時、トイレットペーパー騒動で買いに行ったスーパーの店員の態度に腹を立てた記憶が蘇ってきました。

オイルショック騒動が収まった後、店頭にトイレットペーパーの山があり、売れていないのを見て、ざまあみろと思ったものでした。

今では、ドラッグストアには、マスクが山と積まれています。でも、そんなに売れているようには見えません。

また、近くのドラッグストアの店員に笑顔が戻ってきました。

とまれ、モノは半永久的にデフレが続きますね。

――そして、サービスもデフレ

コロナデフレと言われるように、コロナは、デフレを促進させました（図5）。

コロナ前は、宿泊代などのサービス価格は値上がり傾向でした。

でも、コロナによってサービスもデフレになりました。とまれ、サービス業は、回復に時間がかかりそうですね。

サービス業のデフレに比較し、**製造業の回復は早い**。いち早く、回復した中国経済は製造業が多いのも原因の一つです。

また、高級車も売れています。

三蜜を避けるため、車のニーズが高まった。しかも高級車から、売れている。

これも、今後を占うポイントの一つです。

――リモートデフレ

リモート経済は、人の移動を止めるといかに経済が落ち込むか、デフレになるかという現実をまざまざと見せてくれました。

私の知人のドクターは、来年の開業を断念しました。オンライン診療が進むと、クリニック不況になるとの見立てでした。私も同意見です。

コロナで小児科が苦しんでいました。子供は、病院に行かなくても、自然治癒力で治りますものね。

これも不要不急の患者さんが減った例なのでしょうか。

――バランスシートで稼ぐ → 究極は資産運用

金融経済の優位性をコロナでいやというほど体感しました。

図5　消費者物価指数の推移

2015年基準　消費者物価指数　全国　2020年（令和２年）12月分　（2021年1月22日公表）

	年平均（前年比%）			月次（前年同月比%）			
	2018年	2019年	2020年	2020年			
				9月	10月	11月	12月
総合	1.0	0.5	0.0	0.0	▲0.4	▲0.9	▲1.2
生鮮食品を除く総合	0.9	0.6	▲0.2	▲0.3	▲0.7	▲0.9	▲1.0
生鮮食品及びエネルギーを除く総合	0.4	0.6	0.2	0.0	▲0.2	▲0.3	▲0.4

≪ポイント≫

（1）総合指数は 2015 年を 100 として 101.1
　　前年同月比は 1.2% の下落　　前月比（季節調整値）は 0.1% の下落

（2）生鮮食品を除く総合指数は 101.3
　　前年同月比は 1.0% の下落　　前月と同水準（季節調整値）

（3）生鮮食品及びエネルギーを除く総合指数は 101.7
　　前年同月比は 0.4% の下落　　前月と同水準（季節調整値）

出典：総務省統計局

PL（自社ビジネス）で稼ぐのはもちろんですが、自社のBSをフル回転させることも社長さんのもう一つの仕事です。

しつこく言います。

バランスシートで稼ぐこと、要するに不労所得で稼ぐということです。

何回でも言います。

いまどきの社長さんは、投資家としての眼（BSの眼）とビジネスマンとしての眼（PLの眼）両方不可欠です。


成熟化社会とは、誰かの上がりで暮らすこと。


私は単純にこのように考えています。

例えば、平安時代の貴族は荘園からの上がりのおかげで、カルタをしたり、光源氏のように女性を追いかけていられました。

地主は土地で稼ぎ、資産家は金利で稼ぐ。

夏目漱石の小説の朝ドラを見ていると、主人公たちが毎日ただ集まってワイワイやっている場面がしばしばあります。

若い時、「この人たちはなにで食っているんだろー？」と疑問に思っていましたが、要は、家作で食べていたのでブラブラできたんですね。そのころ、ホテルの宿泊名簿に、「職業無職」と書くのが一番ステータスが高かったそうです。確か故渡部昇一先生が何かの本で書いていた記憶があります。

今も「お金だけがグルグル廻る経済、マネーゲームの経済」です。

私たちも家作を持つとグンと有利になります。

――日本人の地が出た！

大戸屋ホールディングスをコロワイドが敵対的ＴＯＢで、Ｍ＆Ａが成立したのを見て、変に納得しました。

でも、コロワイドが高い価格でＴＯＢの募集をしたところ、あっという間に敵対的ＴＯＢ成立でした。

株主提案では、執行部の提案通りになったにもかかわらずです。

日本人の地が出たな？　と思ったんですね。

忠臣蔵を思い出しました。

昔聞いた話ですが、

「何故、当時の江戸幕府が忠臣蔵を推奨したか？

当時、お家取りつぶすと、蜘蛛の子を散らすように家臣が猟官運動に走ってしまったそうです。その流れを止めるため、敢えて、幕府が忠誠心の塊の忠臣蔵を取り上げた。

元々、義理人情に薄く、忠誠心のないのが、日本人である」

こんな話でした。

次は、舌の根の乾かぬうちに、ニトリの島忠買収劇です。

当初、ホームセンター大手のＤＣＭホールディングスが完全子会社化を目指し友好的ＴＯＢ（株式公開買い付け）を実施の予定でした。

――ニトリの島忠買収

ところが、家具・日用品大手のニトリホールディングスが敵対的買収を仕掛け、結局ニトリのＴＯＢが成功しました。

ＤＣＭが一株四二〇〇円、ニトリＨＤが一株五五〇〇円と三割価格が違いました。

島忠の経営陣は困ったでしょうが、株主には嬉しい提案でした。

これなんかも、金の威力をまざまざと見せつけられた例です。

――不動産も下落しない

ベテランの不動産会社の人は、会いますと、**おかしいおかしい**と言います。

「いずれ、痛い目にあう」というのが、古くからの同業者の共通の意見です。

私も古いので、その意見に賛同します。

コロナ直後、不動産は下がるだろうな？と思いました。

でもコロナの前もそしてコロナ禍でも、不動産は下がりません。

カネ余りの一言で片づけるのは簡単ですが、**「おかしいと思うのがおかしい」**と私は最近そう思っています。

世界中の先進国の現象でもあります。

コロナ禍の最中も住宅価格上昇とする記事もあります（「世界鳥瞰　コロナ禍の最中も住宅価格上昇」『日経ビジネス』二〇二〇年一〇月一二日号、日経ＢＰ社）。

また、国際比較をしますと、まだ日本の不動産は買いなんですね。

これについて、明快な解説をテレビ『モーサテ』でしていました。

カネ余りを前提に、

理由

①有事の日本買い（円と同じ）

②コロナの影響が軽い

③まだまだ先進国の中では、利回りが良い

説得力がありますね。

――あのアパも買い

かえってチャンス到来と例えば、アパホテルの元谷代表は、出店スピードは落とさない、としています。

――ドームお前もか！

私事で恐縮ですが、私の会計事務所のスタートは東京ドームの対面でした（と言っても、机一つ、黒電話一台ですが……）。

当時、後楽園と言っていまして、その地区の商工会議所の会合は、当時の有名な東京ドーム（後楽園）の社長さんが仕切っていました。

その会合に出るたび、こんな大きな会社は、一生かかってもクライアントにできないだろうな？　なんて考えていました。

当時ＯＮの全盛時代で、それで、憧れも一層加速しましたね。

――後楽園から東京ドームへ

「楽しみを後に残す、コウラクは時代に合わない。これからは、先に楽をする、センラクの時代が来る」

当時、マスコミでこんなことがささやかれた時代。

だから、後楽園は、社名を「東京ドーム」に変えたとまことしやかな話がありました。それで、私も社名変更を変に納得した記憶があります。

――そしてＴＯＢ

三井不動産のＴＯＢにもびっくりしました。

ドームお前もか！　こんな感じです。

リーマンショックの時、資産を売却して切り抜けた三井不動産は、コロナ禍をもろともせず、一〇〇〇億のお金をつぎ込む！

三井不動産自体、コロナの影響はかなり受けているはずです。ホテルも多数保有してますから。

しかも、オフィスの賃貸もリモートで先行き不透明です。

それでも、敢えて、コロナでへこんだ東京ドームの買収に乗り出す。

企業は体力勝負の時代に入った。

私には、コロナ後のビジネスの先取をしているように思えます。

仮説4・テレワーク

・実行できるのは、ごく一部!?
・行きつく先は、ホワイトカラーのその後
・リモート会議だけは残る

――テレワークの思い出

私は自宅開業からスタートしました。お金がなかったので、余裕ができてから事務所を借りようと思いました。

最初の一週間、背広に着替えました。

でも、行く当てもありません。お客さんがなかったからです。

すると、着替えるのが面倒になり、普段着で家にいました。段々フラストレーションが強くなりました。

これでは、ダメになると思って、思い切って、事務所を借りました。

お客さんは依然としてありませんでしたが、背広を着て、電車に乗るだけで、精神的にはホッとしました。

私のテレワークは一か月持ちませんでした。

遠い昔のつたない経験です。

出社は仕事にあらず

「出社は仕事にあらず」(「在宅勤務　テレワーク阻む日本型労務管理」向井蘭著、『週刊エコノミスト』二〇二〇年七月二八日号、毎日新聞出版)の時代が来ます。

名文句です。引用しました。

基本的には、テレワークの対象は主としてホワイトカラーです。

緊急事態宣言が出て、テレワークが始まったころ(二〇二〇年四月)、公然とささやかれたのは、「何千人と大量のテレワークをしても、なんにも仕事に支障がなかった」というある大手の会社の話です。

行きつく先はリストラ、人員削減？

でも、日本はこれができません。

──会議だけはリモートで

リモート会議は、革新的でした。

朝早く会議のためだけに出社する習慣は、私も何十年と続けましたが、一体あれはなんだったんでしょうか？

こんなにラクで便利なものはありません。

ですから、会議の形態は、リモート化が継続しますね。

寝ぼけてる時は、ミュートにできるしね（笑）。

──結局大半は、元に戻る？

でも、本格的なテレワークの実施は、正直難しいのでは？と思っています。

まず、セキュリティです。

ハッカーに狙われやすい環境になりますから、大手になるに従って、セキュリティの面からも実行にはリスクがあります。

コロナ後、何事もなかったように、出社の光景が再現するのではないか？

完全テレワークの会社がマスコミで脚光を浴びていますが、マスコミのニュースになるのは稀だからです。

まさに、「犬が人を噛んでもニュースにならないが、人が犬を噛めばニュースになる」からです。

「在宅7割」が不可能な理由（「学者が斬る・視点争点「在宅7割」が不可能な理由」吉田裕司滋賀大学教授著、『週刊エコノミスト』二〇二〇年一〇月六日、毎日新聞出版）と題して、せいぜい普及は三割程度との見解もあります。

理由は、仕事と家庭がごちゃまぜになり、かえって生産性が下がるとしています。

DVの問題もあるといいますしね。テレワークの最大の問題は、「実は、夫婦関係」と言う人もいます。

今まで見えなかったものが見えてしまう？（笑）

言いえて妙。

——三割を下回る

私のカンですが、テレワーク率は三割よりもっと低くなると思っています。

仕事の後、新橋でガス抜き、そして帰宅、この風習が残るような気がします。

監査法人勤務の時、毎日新橋に誘われ、会社の問題点の話になり、「明日は代表社員に直訴する」。オダを上げた上司から何度聞いたかわかりません。

でも決してその上司は、次の日直訴した試しがありませんでした(笑)。

コラム——これが本当のスーパーマン

テレワークで、スーパーが混みましたね。

テレワークのお父さんが、「俺も行く」と付いて行けば混みますよね。

付いて行くお父さんは、「スーパーマン」と言います。

古いギャグです。おそまつでした。

コラム

遅刻を死語？

テレワークは「遅刻を死語」にしました。

1．社長「お前二〇分も遅刻だ。何時から仕事かわかってるのか？」
部下「もちろん私が着いてからです」

2．社長「お前また遅刻だな」
部下「でも、その代わり早く帰りますから」

3．新入社員「部長出世するコツは？」
部長「その腕時計を売って目覚まし時計を買うことだね」

4．ハンサムな独身の部長「キミ日曜日の夜はひまかい？」
わくわくしながら部下の女性「もちろん約束は何もありません」
部長「だったら月曜は遅刻するなよ」

（ジョーク集より）

仮説5．ピラミッド型組織の衰退、会社が溶ける？

――テレワークでわかったこと

公然とささやかれているのは、前述の、大量のテレワークをしても、なんにも仕事に支障がなかったというある大手の会社の話です。

もし、半分が本当だとしても、企業は考えます。

リストラの流れは加速しますね。

――組織が変わる

・評価経済社会の到来！

・みんなが主役（社長）！

・ビジネスは貨幣だけでなく、影響力、イメージでも動く

ＳＮＳが発達し、時代が貨幣経済から、評価経済へ移行すると言われてきました。

拙著『経営ノート二〇一九』でも、多数のフォロワーが集まることから、「いいね！ワールド」が来て、社会が変わると書いてきました。

小さい子供がユーチューバーになりたいという時代です。

ズバリ、**影響力が貨幣に変わる時代**です。

コロナはどうもそれを後押しした感じですね。

――経営の民主化！

ピラミッド型組織の終焉！↓経営の民主化、フラット化
文鎮型組織（フラットな組織）↓キーワードは自律分散

テレワークを待つまでもなく、評価経済の到来は、従来の序列をぶっ壊しました。

オンラインミーティングは、序列をぶっ壊しました。

従来重要だった（笑）、誰が言ったかはたいして重要ではなくなり、むしろ言った内容が重要になります。また、会議も早く終わります（笑）。

組織もフラット型へ変わらざるを得ないと、つくづく思います。

社会が民主化します。すると、ピラミッド型の組織からフラット型（文鎮型）組織に移行する方が、会社は強くなります。

ピラミッド型は、極端に言えば、「一人の偉大なプレーヤーを失い、一人の平凡な管理者を得る」組織です。

フラット型が進むと、大手企業のホワイトカラーが大半失職するという極端な意見もあります。

ある大手銀行は、大胆な組織変更をしました。バブル時の大量採用者を一斉に外にだしました。

私は、やった会社は勝ちと思いますが、雇用安定を重視する日本の会社の多くはできないでしょうね。

――メンバーシップ型からジョブ型へ、職務記述書（ジョブディスクリプション）の重要性

テレワーク化が進みますと、働き方が基本的に変わります、いや変わらなければなりません。働き方が「従来のメンバーシップ型からジョブ型への移行」になります。

するとなにが必要か？

職務記述書（ジョブディスクリプション「job description」）が不可欠なツールです。

大分前ですが、外資系で長年務めたHRの専門家から、職務記述書「job description」を教えてもらい、一部のスタッフに書かせていましたが、イマイチ、私自身ピンと来ませんでした。

もちろん、それで、仕事の評価もしませんでした。

でもテレワークのお陰でハラオチしました。

当然ですが、職務の定義と分析が不可欠です。

当たり前ですが、それなくして、テレワークは休日を増やすのと一緒です。

――定年は年齢ではない、能力の定年がある

こんな言葉、昔のメモ帳から出てきました。

まさに、ジョブ型が進展しますと、成果主義は一対です。

テレワーク化が進みますと、個人の評価は、成果主義になります。

でも、コロナが終わったらまた、元に戻る気もするし、変わらないのが日本の美学？　でもあります（笑）。

だから、逆に早くジョブ型を導入できたら、他社より、優位性があり、勝ちとも言えるので

すが……。

――私の実験

私はSNSの急速な発展を見て、ピラミッド型の組織は、いずれ終わるだろうなと思っていました。

勝手に「いいね！ワールド」と呼びました（拙著『経営ノート二〇一九』）。

SNSの発展、ブロックチェーンの開発により、社会がフラット化、つまり民主化しますので、企業だけ例外ではないと思ったからです。

私は、コロナがきっかけで、テレワークがなじんだ今がチャンスと、弊社グループの一社で実践しています（一〇〇人の組織での実験です）。

実験1　**組織の小ロット化**

組織を小ロットにし、それぞれ、個店経営と同じようにやってもらいます。

実験2　**完全テレワーク**

勤務は完全テレワークにします。

実験3　**スキルの可視化、標準化**

テレワークにともなって、スキルの可視化、標準化に取り組んでいます。やろうと思ってできずにいましたが、コロナに後押しされました。職業柄、専門職が多く一般職に比べ、分類はしやすいですね。でも、ＩＴのツールもバラバラ、キットもバラバラでいかに属人的に仕事をしていたか、よくわかりました。これを標準化するだけで、結構大変です。

「目標には『やりたい』という思いと、『やり遂げよう』とする執念がなくてはならない」これは、かつて一世を風靡した高塚猛さんの言葉です。私にその執念がありますかね（笑）。

実験４　日報との連動

仕事を分析、定義します。それと、日報との連動に取り組んでいます。すると、各人別のデータが取れますから、統計が取れます。課題は多いと思いますが、失敗してもいいやと思って昨年の六月から実践しています。

実験５　「役割、責任、評価、認知、分配」

理想を言いますと、これが人事評価の基本です。さて、リモートになりますと、より大事なのは、ジョブ分析にともなう個々の評価。そして、達成者に対するインセンティブ。つまり、分配の仕組みです。

成果と能力がどれだけ上がったか？　この二つで評価、「ボーナスは成果に応じて支払い、昇進昇格は能力に基づいて行う」、できるかなー（笑）。

――自ら考える！

序列がなくなれば、当然、コロナを待つまでもなく、**自ら考えるくせ**を作らなければなりません。

文字通りの自律です。

他人を当てにできない！　他人は人をかまう余裕がない！　こんな世の中が来たら？

すると大事なこと、私は、「自ら」がキーワードになると思うんですね。

例えば、仕事！

①自ら考えて
②自ら参加し
③自ら仕事する
④自ら行動する
⑤自ら成果を享受する

（ちなみに五回繰り返しは、ヒットラーのオハコだったそうです。パクリました）

図6　自律分散型組織

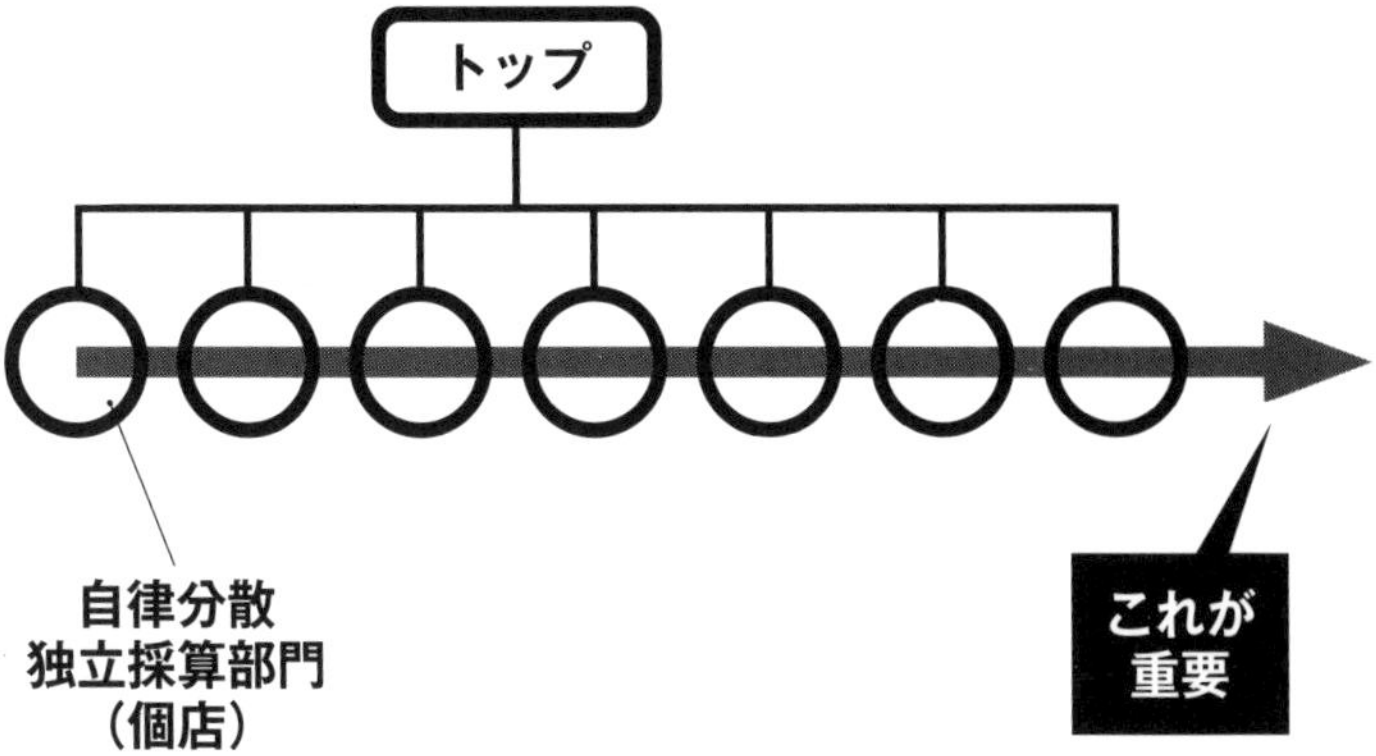

仮説6・大廃業時代の到来

コロナがなくても、後継者難で極端な意見では三分の二の会社が後継者不足と言われていました。

コロナは、その流れを加速させます。

コロナは、事業承継、廃業、M&Aを加速させます。

私の体験でも、三・一一の東日本大震災の後、岩手のお客さんが約二割廃業しました。

「お父さん、もういいんじゃない」

こんな感じの廃業が多かったように思います。

「コロナでプッツン」「もうやめよう」、これは大いにありですね。

すると、

①廃業

広島県	福岡県	沖縄県	石川県	全国
143	232	69	68	6,199
131	223	68	61	5,622
-12	**-9**	**-1**	**-7**	**-577**

②倒産
③M&A

こんな形で会社は閉鎖になります。

M&Aは、言うまでもなく加速しますね。

M&A大手は、毎日のようにセミナーをやっています。

事業を畳むなら、売った方がマシ、当然の話です。

――忘れてはいけない二代目の事業承継

廃業の話ばかりではありません。

例えば、テレビ通販で有名なジャパネットホールディングスの事業承継です。

なにより、あの著名なカリスマの先代より、承継してから、売り上げを増やしたとしています。

大胆な改革で、一気に変革をしたと言います。

ポイントは以下の通りです。

図7　事務所数推移

単位：千

	東京都	大阪府	愛知県	北海道	宮城県	岩手県
2009年(H.21)	758	480	354	258	111	66
2016年(H.28)	695	428	325	234	103	59
	-63	-52	-29	-24	-8	-7

＊出所：『経済センサス-活動調査』（総務省・経済産業省）

①働き方改革
②組織再編
役員の数を大幅に増員し、権限の明確さと委譲
③業務プロセス改革
（「ケーススタディー　創業者からの経営継承　ジャパネットホールディングス　2代目経営、一気呵成の改革」『日経ビジネス』二〇二〇年九月一四日号、日経BP社）


雑誌の記事での推測ですが、ジャパネットのような二代目もやる気さえあれば、チャンス到来の時代です。

先代、あるいは代々の基盤がありますので、なまじのベンチャーよりお金も使えます。すると、戦略の実行もしやすいし、さらなる成長も加速できます。ロールモデルがありますと、フォロワーの二代目も出るはずです。

現に、私の知っている二代目は、ジャパネットが目標だと言っていました。

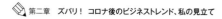

仮説7・大消費時代到来の予感

――日本人も使い切って死ぬ！

有名な言い伝えですが、

「日本人は一番お金を持った時死ぬ。

イタリア人は使い切って死ぬ」

でも、Ｇｏ Ｔｏ の混雑ぶりを見ますと、日本人もイタリア人のように使い切って死ぬ時代が到来したのではないか？ と思います。

――パンドラの箱を開けたＧｏ Ｔｏ!!

Ｇｏ Ｔｏが消費に火をつけた？

Ｇｏ Ｔｏトラベル、イート（Go To Travel・Go To Eat）はすごかったですね。

ホテル、レストランの混み方は半端ではありません。

まさに、「ペントアップデマンド」＊１を地でいった感じです。

日本人の消費マインドに火をつけました。

こんなに日本人が消費好きだと思っていませんでした。高級ブランド品の店も毎日混んでいます。

特徴は、すべて日本人ということです。

インバウンドを頼らなくても小売りには、良い環境がコロナのお陰でできたんじゃないか？

コロナ禍でもこれだけ混むんですから、コロナ明けは？と想像しますと、日本もとうとう**大消費時代到来**の予感がします。

国内だけでもこれだけすごいのですから、インバウンドが復活しますと、想像を絶する大消費時代到来です。

図8　Go Toトラベル、イートの経済規模

Go To キャンペーン（半年）による利用者メリット（半年間）

分野		価格弾力性	増加率%／補助率%	2018年市場規模	2018年比市場規模別増加額 1/2	1/3	2/3
旅行	国内観光・行楽（レジャー白書）	-1.1	55.1	7.5兆円	1.03兆円	0.69兆円	1.37兆円
			50.0				
外食	飲食（レジャー白書）	-1.0	20.2	19.4兆円	0.98兆円	0.66兆円	1.31兆円
			20.0				
イベント	鑑賞レジャー（レジャー白書）	-2.3	45.3	0.8兆円	0.09兆円	0.06兆円	0.12兆円
			20.0				
計				**27.7兆円**	**2.10兆円**	**1.40兆円**	**2.80兆円**

（出所）国土交通省、公益財団法人生産性本部データなどを基に試算
出典：第一生命経済研究所、「Economic Trends:Go To キャンペーンの需要創出効果（2020年6月24日発表）」（http://group.dai-ichi-life.co.jp/dlri/pdf/macro/2020/naga20200624goto.pdf）より
※最近の数字がありません（著者）

さて、ポイントは、**消費の二極化とハレ＊2の外食**です。

Ｇｏ Ｔｏは、高い店、高級ホテルの方が殺到したようです。来ない店には来ない、二極化が進むな？という予感がつくづくします。

また、外食、会食はハレ時になったような気がします。

ハレは、非日常ですから、普段行けない高級店、豪華旅行、コロナ前からクルーズトレイン「**ななつ星**・ｉｎ九州」を見るまでもなく、消費構造が変化してきていたのですが、コロナによって爆発したのではないでしょうか？

と考えると、次のビジネスの一手が想像できます。

迎え撃つ企業側も、その消費構造の変化に対応しなければなりません。

すると、体力勝負になり、**企業側の二極化そして格差**がもっと進みますね。

＊1　ペントアップデマンド（pent-up-demand）

景気後退期に購買行動を一時的に控えていた消費者の需要が、景気回復期に一気に回復すること。「繰越需要」とも言われる。（ネットより）

＊2　ハレとケ
柳田國男によって見出された、時間論をともなう日本人の伝統的な世界観のひとつ。民俗学や文化人類学において「ハレとケ」という場合、ハレは儀礼や祭、年中行事などの「非日常」、ケは普段の生活である「日常」を表している。ハレの場においては、衣食住や振る舞い、言葉遣いなどを、ケとは画然と区別した。（Wikipediaより）

日本での、コロナ解禁後は？

沖縄、宮古島方面は疑似海外ですから人が殺到すると、予想する知人がいます。それに備えて、その人は今着々とビジネスの準備をしています。

座して死を待たないのも、経営者です。

経営力の差がでるなー。

大消費時代の行く末

どうでもいい話で定かでないですが、昔読んだ確か白石一郎著の黒田藩の話を思い出しました（間違っていたらごめんなさい）。

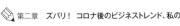

「飲めや食えやで、大消費時代、ものすごい景気に藩内沸いたんですが、結局消費だけだったので使い切っておしまい」

後は空虚さだけが残る、こんなストーリーでしたかね？

でも今は日本には図9のように、個人資産が一九〇〇兆円あります。

うち現預金が一〇〇八兆円あります（二〇一九年一二月日銀統計）。

稼ぐ経済から使う経済への移行がコロナを契機に、移行元年だとすれば、使い切るまで死ぬほど年月を要します。

黒田藩のようになるには、ずっと先のことになります（笑）。

――**「稼ぐに追いつく貧乏なし」＊**

うちのオフクロがいつも言っていたセリフです。これも大消費時代では死語かな？

また、「寝るほど楽があらばこそ、浮世の馬鹿は起きて働く」。

これもいつも寝る時言っていたセリフです。

どちらも本心？

「使うに追いつく稼ぎなし！」。これは私の造語です。

＊「常に一生懸命働けば、忙しくて使う暇がなく、結果、貧乏に苦しむことはない」

――世界もすごい！

コロナ解禁後の世界を見ると、中国は、万里の長城が人で溢れ、韓国は、済州島に二二万人も押し寄せていたというニュースを見て、鬱屈したエネルギーのはけ口はすごいなーと思ってしまいましたが……。

日本も例外ではなかった。

まだ、コロナが終わっていない段階で、こんなにすごいということは、日本は消費大国になるという予感がします。

図9　大消費時代

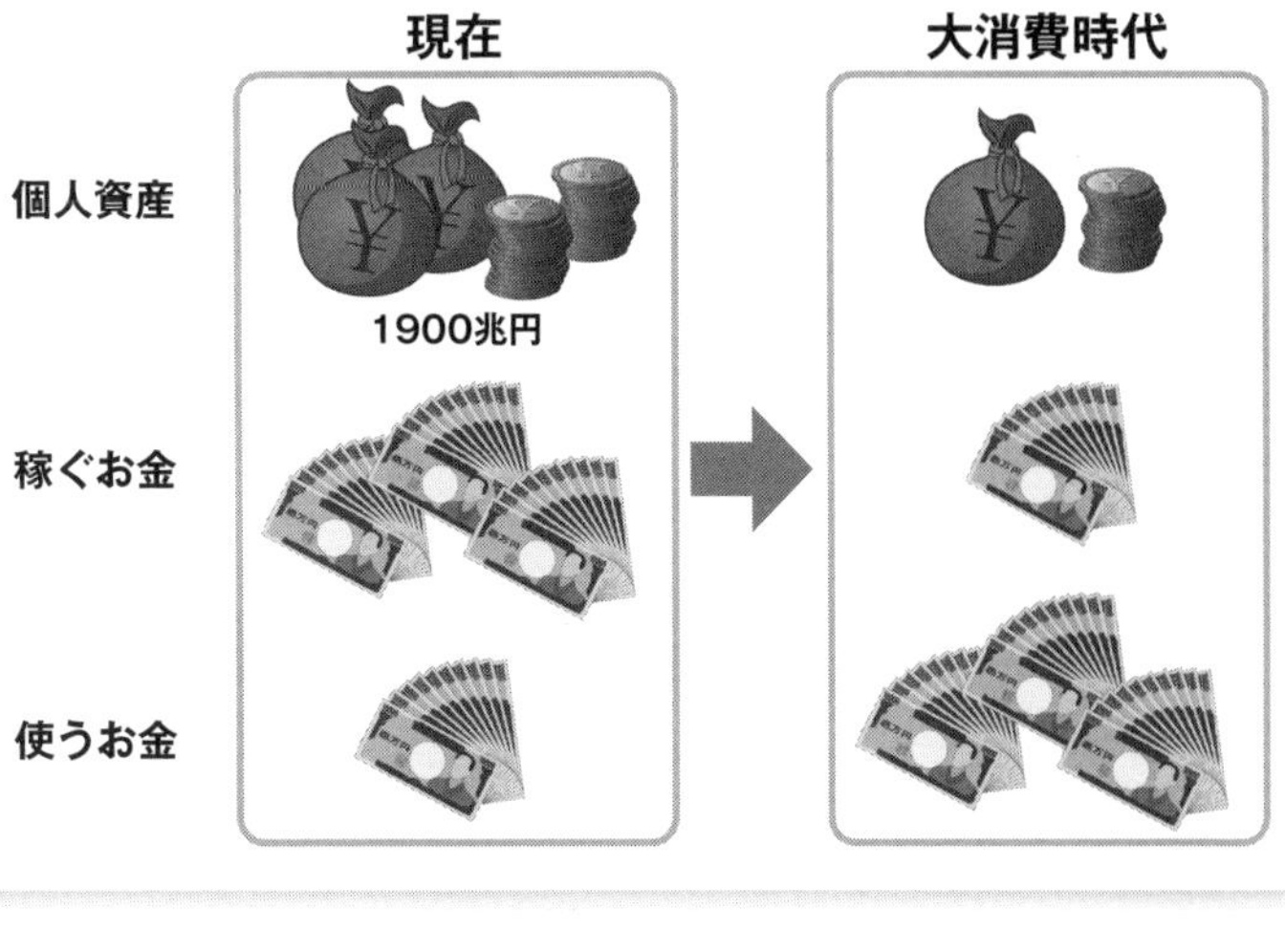

仮説8．ＤＸ（デジタルトランスフォーメーション）

——ＤＸ（デジタルトランスフォーメーション）は、経営改革の「最終兵器」

何年か前まで、私は、ＩＴをイットと呼んでいました。
そんな私が言うのも変ですが、ＤＸは大小問わず避けて通れない時代です。
これもコロナによって加速します。

ＤＸ＝デジタル＝スピード

デジタル化時代の経営は速さがキモです。
速さには二種類あります。
①実行の速さ
②変わり身の早さ
スピード経営のキモは、「権限委譲」と「組織の簡素化」です。
デジタル経済の加速は、組織も俊敏に動ける、フラット型組織の方が有利ですね。

定量化

ついでですが、スピードは、人によって違います。
私が速く歩いても、若い人にはドンドン追い抜かれます。
ですから、スピードには定量化、数値化が必要です。

――DX化とは？

「くもりガラスを手で拭いて　あなた明日が見えますか？」

私は見えません（笑）。

――決して慌てるな！

でも、決して焦ってはいけません。
「百歩先を見たら狂人と言われる。
しかし足元だけ見ていたら、置いてきぼりを食らってしまう。
従って、十歩先ぐらいを見るのが一番いい」
阪急の創始者小林一三翁の有名な言葉を最近噛みしめています。
決して、マスコミに踊らされてはいけない！

私は焦っていつも失敗します（笑）。

――オンラインでの営業

ネットからどれだけ、仕事が取れるか？

このテーマは、コロナ後のキモでもあります。

重要なテーマの一つは、オンライン営業だと思っていました。弊社でも、今まで、それなりにお金をかけましたが、成果は、私的には十分とは言えませんでした。

今度こそ、待ったなしです。

幸い、コロナは**オンライン化を加速**させました。

是非、この波に乗りたいと思っています。

インターネットは、時間、空間をゼロにします。

広域でも取れます。

――DX化の敵は社内！

昔、コンピューター（パソコンが出る前です）の販売の手伝いをしたことがあります。最初は経理部長に売り込みましたが、さっぱり売れませんでした。

その時、敵は経理部長だなと思ったことを思い出します。当時、経理部長は自分の仕事を奪われると思ったんでしょうか。

実は**ＤＸ化の敵は、社内**ということが多い。

――所長の言うこと聞くな！

中小企業だからって一枚岩ではありません。

昔、私の事務所の創業から間もないころ、当時のナンバー2に依頼した事項が、下には、「所長（当時の私の役職）の言うこと聞くな！」と逆に伝えられていたことを思い出します（今でも思い出すとハラが立ちます（笑））。

長谷工コーポレーションでも、ＤＸ化（ＢＩＭ（ビルディング インフォメーション モデリング。三次元空間上で立体的に設計する仕組み）には当初社内の反対を受け、導入までに一〇年かかったと言われています。それを時間をかけ、プロジェクトをつくり、最新のツールを優先配分し、成功体験を作り、やがて、口コミで社内に普及したそうです（「ケーススタディーＤＸへのシフト 長谷工コーポレーション ＤＸ抵抗勢力、説得の10年」『日経ビジネス』

二〇二〇年八月一〇日号、日経ＢＰ社）。

――機械に人間が負ける日（マッサージで感じたこと）

年のせいとは思いたくないのですが、長時間座りますとお尻が痛くなり、最近鍼灸院に行く機会が増えました。

以前は、名人を誰かに紹介してもらっていましたが、今回は、ネットで探した近くの鍼灸整骨院に行ってみたんですね。たまたまそこは、チェーン店でした。そこで経験したのは、**機械と人の併用**でした。

その店は、マッサージ機をはじめ、機械化が進んでおり、機械治療が中心で、そこに人がサポートするという形態です。

治療する人も、同時に何人も受け持ちができます。

最初は大丈夫かなと思ったのですが、実は、こちらの方が具合がいいんですね。なまじの鍼より、電子鍼の方が、肩のコリがやわらかくなります。お陰さまで、行くとすぐ調子が戻ります。

店側もこれだと、チェーン化できますし、スキルが低くても治療が平準化できます。

その店の鍼灸師の話、

「ライバルは新しい機械です」

どの業界も一緒です。

けっして他人事ではない。

――処理から創造へ

考えろ！

先日、私のところに打ち合わせに来たスタッフに注意したのは、「考えろ！」でした。

セミナーの打ち合わせでしたが、「お客さんのデータが絶えず更新される仕組みがあるか？」という質問をしました。

セミナーの対象者を決めれば、告知する対象の方のデータの正確性と更新の仕組みがキモになります（私宛のメールでまだ、理事長という旧役職名で来るのがあります。アホかと思いますものね）。

今は、ＩＴツールの発達で、更新作業が楽です。

仕事は漫然とやっていたら、即刻ＩＴに退場させられます。個人も組織も共倒れです。

ITに勝てるのは、創造性だけです。

「Think, Think, Think」

これは、ある大会社のポリシーでした。

創造性とは「robotに耳と手を付ける」こと！

けだし、名言です。

仮説9・リモート化のパラドックス

――ネットとリアルをどう組み合わせるか?

・敢えて対面
・ハイテクと愛想
・デジタル化こそ、会話力の強化、笑顔が不可欠

――リモート化のパラドックス

リモート化とか、デジタル化と言っているうちに気が付いたのは、リモート化が進めば進むほど、**会話力がキモ**だということです。

ある会社が新商品を開発して、ベンチャーキャピタルにリモートプレゼンしました。

ところが、細かい説明をしている間に、タイムアップで、結局プレゼンに失敗しました。

私から見たら、おもしろい商品だったんですが……。

社長が理系で、口下手だったんですね。

デジタルと言ったら、アナログ！

昔、「○○と言い出したら、反対を考えろ」と教えられたのを思い出します。

――対面とデジタルの融合

『カンブリア宮殿』を見ていたら（テレビ東京、二〇二〇年一〇月一日放送）、STAFF START（スタッフスタート）というアプリを取り上げていました。

アパレルの販売員が、売る服を自ら試着して、その会社のサイトに投稿し、顧客がそれを見て、購入するというものでした。

ネット通販は自販機から買うようなもので、着たイメージが湧きません。

また、モデルの試着だと、自分との距離感があるといいます。

でも現場の販売員が着ると、買い手との距離がぐっと縮まるんですね。

デジタルも対面と融合のステージになったのでしょうか？

コロナは、それの促進剤かな？

――会計業界でも

もう所長だけが出っ張っている時代ではないのではないか？

スタッフをスターにする戦略に切り替えないとダメかな、と思っています。

みんなが主役時代の会計業界に変える時期ではないでしょうか？

――リモート時代だからこそ、笑顔

リモート時代が定着しつつあります。

皆さん周知のように多分後戻りはありません。

私は、リモート時代の大事なことの一つに笑顔があると思っています。

言い換えますと、「**リモート時代だからこそ、笑顔**」です。

プロの笑顔はお金を生む。

もともと、プロの笑顔はお金を生むと言われてきました。

「商は笑なり」

「笑顔は挨拶の潤滑油である」

「笑顔にまさる化粧なし」

「笑顔で挨拶がきちんとできれば一流の証し」

――「笑顔」はビジネスの原点

最近デジタルのことだけ、書いていましたが、やはり、笑顔は、商売の原点です。

当たり前ですがビジネスは、人間がやりますものね。


「笑顔を覚えるまで店を開けるな」

ユダヤ人の古いことわざです。

私はこのキャッチが好きで、「笑顔が出るまで、顧問先に行くな！」

なんて、かつて作っていた社員手帳に書いていました。

当時、発売直後の「笑顔測定器」を買って、測定後、高得点が出たら、お客さんのところに行けなんて指示を出したこともありました。

でもいつも私は尻切れトンボ、弊社に徹底できることはありませんでした。

徹底力の欠如が私の弱点です（笑）。

―「威張るは本能、笑顔は訓練」

これは真実ですね。

全国自治体、官民合同の第三セクターは成功事例があまりなく、かえって各自治体のお荷物になっています。

昔なぜうまくいかないか？という記事を読んだことがあります。

それには、民間出向組はやたら威張りたがり、逆に官からの出向組は、やたら交際費を使いたがる、という内容でした。

妙に納得した記憶があります。

―一笑一若

「人間は、一度笑うと、一歳（笑った分だけ）若くなる」

こんな意味だそうです。

ちなみに、皺が寄ると言います。

顔が固くなりますと、皺が寄ります。皺を伸ばすには、笑うのが一番だと言う人がいます。

文字通り、皺が伸びれば若返ります。

「一笑一若」。この言葉、なまじ嘘ではありません。

仮説10・オウンドメディア（Owned Media）（「自社で保有するメディア」）

――動画の時代

ツールは、動画で！

YouTubeを待つまでもなく、**動画全盛**です。待ったなしの動画時代です。

オウンドメディア成功の可否は、動画次第です。

動画のコンテンツをどう増やすか、これも喫緊の課題です。

動画の制作は簡単です。でも数の中から抜きでる……。これが、言うは易しです。

――経営と動画の相性

もともと、経営者は、動画です。静止画ではありません。

名経営者であり続けるには、継続して業績を維持しなければなりません。

そこが、他の世界と違います。

例えば、芸術家は、生涯で一品名作を発表できれば、歴史に残ります。

でも、経営は違います。

名作を出し続けなければならない宿命です。どんな名経営者でも、最後がダメなら落第経営者になってしまうのです。

経営者は動画そのものです。


――オウンドメディア（Owned Media）は必須条件

重要なことは、**デジタルプラットフォームの構築**です。

オウンドメディアをオンライン上で認知させますと、オンラインマーケティングができるようになります。

すると、対面営業に加え、もう一つの柱ができます。

正直、オウンドメディアの構築、認知については、弊社は後発組です。

勝てるかどうか分かりませんが、私個人的には最重要、最優先課題の一つと思っています。

自ら作る→文字、インスタからＹｏｕＴｕｂｅへ

私は、勝手に**オウンドメディアは第二ステージ**だな？と思っています。

すると、先発組に追いつくチャンスです。

ビジネスでは、文字（テキストファイル）もっと言えば、インスタだって古いな？と思ったからです。

これからはＹｏｕＴｕｂｅ等動画の時代です。

私も正直気が進まなかったのですが、少し怖いもの見たさで動画の撮影をしました。

その時思ったのですが、動画はやはり、そこそこお金と人手がいります。

スポーツ界でも、例えば、元ロッテの里崎さんのＹｏｕＴｕｂｅはチャンネル登録者数四一・六万人(Satozaki Channel、二〇二一年一月現在)です。

これだけのファン、フォロワーがいますと、影響力があり、弊社の関連で講演をしてもらったのですが、自前で参加者をかなり集めたと聞きました。

強いですよね。

もう一つの例が、ボクシングジムエーサインボクシングからの動画配信（https://a-sign-box.

com）です。

聞いた話ですが、実はこのジムの会長は、早くからＹｏｕＴｕｂｅに目をつけていてコロナを契機に、ライブをＹｏｕＴｕｂｅで流しています。

ビジネスモデルは、ライブ中の広告収入です。

ビッグイベントのように視聴者が多ければ、広告収入も上がります。

――無観客ライブのビジネスモデル

「必要は発明の母」、それに加えて、「失敗は次の発明」です。

コロナ禍は思わぬビジネスモデルを作りました。

例えば**BTS**。

Ｋ-ＰＯＰグループの「ＢＴＳ（防弾少年団）」が所属する「ビッグヒットエンターテインメント」が昨年一〇月、ＫＯＳＤＡＱ（韓国証券市場）に上場した際、一時一兆円の時価総額がついたことがありました。

コロナ禍ですごいなと思ったら、オンラインライブ（正確に言いますと、収録後編集して配信します）が当たったと聞きました。一回のオンラインライブで、一〇〇万人近く集めたとされています。

一〇〇万人と言えば、東京ドーム五万人として、二〇回分が一回の公演で稼げたことになります。

日本でも有名アーティストは、オンラインライブを試み成功しています。

桑田佳祐しかり、嵐もすごいと言います。

考えてみると、嵐のチケットは取れませんものね。

でも、オンラインは制限がありません。

スーパーコンテンツは新しいビジネスモデルを作れたんじゃないかな？

仮説11：引き算の意思決定

――部分直撃、行きつく先は二極化

リーマンショックは、金融業界、大企業を直撃しました。

比較的、ローカル企業、中小企業は影響がありませんでした。

コロナの影響は、①地域（ローカル）、②業種で部分直撃です。コロナ爆弾は、地域毎にバラバラです。

また、三業種（衣、食、泊）が特に直撃されました。すると、業種毎、地域毎の対応が必要です。

きめの細かい対応を余儀なくされました。

大小問わず、飲食、ホテルのように、マーケティングのみならず、ビジネスモデルすら見直さざるを得ない業種もあります。

小売りは、もともとＥＣにやられていました。それがコロナで加速しました。

対応は、もちろん早ければ早い方がいい。

――腰高企業

昔から、ビジネスでも、腰高企業と一本足打法は気をつけろと言われてきました。

腰高企業は、固定費率が高い企業です。

コロナ禍では、「固定費率の高さとコロナ倒産件数は比例する」

ホテル等、固定費率が高い業種にコロナ倒産が多いらしいのです（ホテル・旅館：七〇％

飲食：六二・一％　アパレル：四四・二％）。

対応のキーワードは、**損益分岐点を下げる！**

――コロナ格差

都市間格差

コロナ直撃三業種でも、対応次第でコロナ後の復活度合いが違います。

地域でもコロナ直撃三業種が多い地域は、ヘコミも当然ですが大きい。

例えば、温泉町は大変です。別府市が一番と言われています。

別府市の中でも、対応次第で、格差がでるでしょうね。

企業格差

地方空港をめぐる大企業とローカル企業の争いが猖獗を極めたり、また、地方名門企業へのコロナ直撃の明暗がはっきりしました。

企業間格差が進みますね（以上、「特集 都市新序列 名門企業／地方財界」『週刊ダイヤモンド』二〇二〇年九月一九日号、ダイヤモンド社）。

――引き算の意思決定

コロナは、ビジネスのやり方を大きく変えるかもしれませんね。

単純ですが、「引き算の意思決定」が必要です。

コロナ後の出店戦略、オペレーションの仕組みは、大きく変える必要があります。

例えば、「出店コストを半減する（サイゼリヤ社長 堀埜一成氏）」（「編集長インタビュー サイゼリヤ社長 堀埜一成氏　出店コストを半減する」『日経ビジネス』二〇二〇年八月一七日号、日経BP社）。

席数だって半減しなければやっていけません。

オペレーションコストの半減が不可欠です。

カエルは、次の飛躍で、身体を大きく縮める！

次の飛躍に繋げるのには、**「カエル跳び」**＊が不可欠です。

＊リープフロッグ型発展（英：Leapfrogging）とは、既存の社会インフラが整備されていない新興国において、新しいサービス等が先進国が歩んできた技術進展を飛び越えて一気に広まること。（Wikipediaより）

――損益分岐点を下げる→発想を変える必要

私は、極端に言えば、従来の下げ方、一割、二割の改善プランだけでなく、大胆な下げ方をしないと、例えば、**半分に落とす**ような発想でないと、コロナ直撃業種は回復できないと思っています。


例えば、ホテル、飲食。

常識的には、満室、満員にするビジネスモデルでした。そのためには、設備をフル稼働した前提でのコストを考えていました。

でも、「半分の稼働でも利益が出るには？」と考えますと、大胆な発想ができます。

例えばマルチジョブ。

これは急務です。ホテルやデパートでも、忙しい部門は忙しくしていて、ヒマな部門はヒマですものね。

あるホテルですが、現場は忙しく、バックオフィスの経理総務はテレワークで制限出勤と現場の人がぼやいていました。上の人は不思議に思わないのかなー。

――マルチジョブ化

コロナで直撃のサービス業、特にホテル・飲食の喫緊の課題は**マルチジョブ化**です。待ったなしの課題です。

引き算の経営のキモの一つです。

ＩＴ化は、マルチジョブ化の導入を容易にします。

ＩＴ化は、専門性をコモディティ化します。

ＩＴを利用しますと、誰でもできるようになり、専門性が薄くなります。

導入の好機でもあります。

実務は私も経験がありますが、結構難しい。

例えば、ホテルのフロント係に飲食、宴会を手伝えと言いましても、「なんで？」というところから始まり、実践は結構ハードルが高いです。

ですから、いっそ、まず組織の名称を変えることから始めたらいかがでしょうか？

例えば、ホテルだったら、宿泊、飲食、宴会等専門部門をなくし、一部、二部、三部とかに組織の名称の変更から始める。

要するに**スタッフ全員が中小企業のおやじさんになること**です。

おやじさんなら、宴会の手伝いをしつつ、宿泊客が来たら、フロントで案内しますものね。

第三章

コロナ後の企業戦略

二極化の加速

・格差
・成長のチャンス
・でも、決して焦るな！　一歩先を行くだけで十分！

今まで言ったことを整理してみます。
整理しながら、私なりに、戦略が見えてきました。
コロナ禍のトレンドは以下の通りです。

①コロナ＞経済
②分断
③アジアの時代は、グローバル化の終わり
④カネ余り（官製コロナバブル）
⑤むしろコロナ後が怖い！

⑥ホワイトカラーの行く末
⑦格差、二極化の拡大

例えば、フェラーリ、レクサスといった高級車が売れています。

一方、失業者も減りません。官製コロナバブルにより、資産価格が上昇し、一方家計の経済格差を加速させる！（「金融市場 異論百出 コロナバブルの異様なジレンマ 売れるフェラーリ、減らぬ失業者」加藤出著、『週刊ダイヤモンド』二〇二〇年九月二六日号、ダイヤモンド社）

私は、所得格差だけでなく、**資産の格差（同じロケーションで、資産価値が違う）**にもビジネスチャンスがあると思っています（後述）。

――コロナは、次のトレンドを顕在化させた！

・二極化と格差

・強いものはますます強く！

コロナは格差を浮き彫りにしました。

島忠を後だしじゃんけんで、ニトリが傘下に収めました。

東京ドームは、三井不動産の一〇〇％子会社です。

言葉は悪いですが、お金次第のビジネスワールドが、コロナであぶり出された感じがします。

——マクロに負けない！

私が創業以来自分に言い聞かせていることは、「マクロにだまされるな！」。

要は、景気が良くても景気が落ち込んでも、自社はそれに左右される規模ではないということです。

大手企業はシェアが高いので、たしかに景気に左右されます。

でも、シェアの小さい中小企業は、マクロに関係ない筈で、自社の努力要因が業績を左右します。

マクロに負けない！

コロナ禍での経営は、定めし、「マクロとコロナに負けるな！」かな？

なにか生き残る方法がある筈です。

不安と焦燥の谷間にありますが（笑）。

――コロナとビジネス

リスクとチャンスは裏腹です。

コロナリスクと思ったら、ビジネスチャンスあり！

時代の変わり目は、ビジネスチャンスの到来です。

「安定は情熱を欠き不安は情熱をかき立てる」

不安だからこそ、情熱的な次のステージにチャレンジできる！

なーんてね（笑）。

「経営のパフォーマンスは、意思決定の質と実行の質の掛け算」

耳の痛い言葉（笑）。

――いつまでもあると思うなコロナとビジネスチャンス！

「いつまでもある思うな親と金」

これをもじると、定めし、今の状況は、

「いつまでもあると思うなコロナとビジネスチャンス！」

と私は思っています。

コロナは大変なことですが、これによって世の中の景色ががらっと変わりました。

もちろん、ビジネスも大きく変わりました。コロナ後は、もっと変わります。

景色が変わるということは、たくさんのビジネスチャンスが生まれます。

例えば、身近な会計業界でも、リモート会計事務所（訪問しない）が乱出するはずです。

チャンスは貯金できない！

これは、アサヒビール社長だった故樋口さんの口癖でした。当時夕日（たそがれ）ビールとバカにされたビール会社でしたが、スーパードライで、ナンバーワンになりました。もう古い話ですが。

どの業界でもビジネスチャンスがあるはずです。

――経営は実行

理屈は後で宅急便です。

単純に言います。

経営は実行がすべてです。いくら能書きが優れていても、実行しなければ単なる紙切れです。

でも、つくづく難しいのは、実行です。

今回も、待ったなしの実行が不可欠です。

特にコロナで、デジタル社会が待ったなしです。

コロナが抜けると、景色がガラッと変わる筈です。遅れを取りますと命取りです。

まず、身近なところから、即実行！

失敗を問わず！ですね。


キャッチアップのチャンスでもあります。

大きな出来事の後、規模が大きな企業ほど影響がでます。影響の大きさは、規模に比例します。

業種によっては、キャッチアップの大きなチャンスでもあります。

身近でも、リーマンショックの後、業界ナンバーワン企業の売り上げが急落し、その間にキャッチアップできた企業を見てきました。

自社も痛手を受けたにもかかわらずです。

その時、つくづく経営力の差を実感しましたね。

――生産性が上がる

移動時間の短縮

コロナによってプラスになるものもあります。

近年叫ばれてきた、大きなテーマである**生産性向上**は、リモート化によって、出張、あるいは**移動時間**がなくなります。

これが、一番大きい生産性向上です。

うそみたいですが、本当です(笑)。

前から、移動時間がムダだなと思っていました。移動二時間、面談三〇分という例は山ほどあります。

若いころ、「もう少し移動を工夫しろ」とスタッフに言ったところ、「移動時間こそわたしのいこいの場」と逆襲されたのを今でも、思い出します。

それ以上言いますと、やめられたしね(笑)。

四つのメリットを言う人もいます。

①移動の費用がかからない

②営業活動に充てる時間が増える

③より広い地域へ営業活動を行える
④Ｗｅｂ商談を通じて上司はより多くの営業同行ができる
（「不便だと思われがちな在宅勤務は、むしろ営業力を強化する絶好のチャンス」三浦和広著、『経営者通信Vol.54』二〇二〇年七月号、イシン）

――家賃、旅費を人材投資に廻せる

私個人的には、テレワーク推進派です。
二、三年前から、一部実験していました。
テレワークを推進しますと、もちろん、オフィススペースを小さくできます。
すると、賃料も下がります。
出張もリモートで、少なくなります。
ですから、その浮いた経費を、人材投資に廻せます。

コラム――テレワークだっていろいろ

数年前から、オンラインの英会話レッスンをセブ島の学校とやっています（上手くなりませんが（笑））。

そこの先生が言っていましたが、毎日何時間も授業を受ける日本の生徒が出てきたそうです。

テレワークで時間ができ、英語の勉強をする社員？

どう思います？

意欲ある奴とほめるべきか？

――徹底した「無人経済化」
処理は機械、稼ぐは人間！

ジョブのＩＴ化、ＡＩ化をコロナが後押ししてくれました。

理想は処理は機械、バックヤードは機械、フロントで稼ぐのは人間、という役割分担ができたらいいな？　と思っています。

二．DXもカテゴリーキラーの時代へ

――百貨店がカテゴリーキラーに負けた日

私は、インターネット業界の変化を、リアルな業界の変化と同じように推移すると勝手に考えています。

若いころ、三〇年ぐらい前？　定かではありませんが、カテゴリーキラー＊が出現し、百貨店のアイテムを寝具売り場、家具売り場というように一つずつ攻略していきました。

百貨店がカテゴリーキラーに負けた歴史が、ＩＴ業界でも起こりそうな気がします。

ＩＴ業界も一般的なプラットフォームから、業界に特化した、あるいは、特定のアイテムに特化したプラットフォームに主力が移りそうな気がします。

多分、ＩＴユーザーも目が肥えてきますので、特徴のない一般的なプラットフォームは旗色が悪くなります。**ＩＴ業界のカテゴリーキラー**が次々と生まれそうです。

弁護士ドットコムは、その先駆けかもしれません。

＊カテゴリーキラーとは、家電や衣料品など、特定の分野の商品のみを豊富に品揃えし、低価格で販売する小売店業態。カテゴリーキラーが進出すると、商圏内の総合スーパーや百貨店は、そのカテゴリーの取扱を縮小もしくは撤退に追い込まれることからこう呼ばれている。（Wikipediaより）

――変わり目はチャンス

そろそろ、インターネットも主役交代の時期かな？　と思っていました。

そんな折、クラウドサービスも次の世代が台頭していると聞きました。

ＷＡＶＹ社の伊藤社長から、次は、Vertical SaaS（垂直、業界特化型SaaS）＊だと教えてもらいました。

なるほど、そろそろインターネット業界もカテゴリーキラーが出てくるな？　と感じたのです。

＊バーティカル（vertical）は「垂直の」の意。金融・保険・運輸・医療など、一定の業種に特化した市場。特定の分野に特化したポータルサイト。若い女性向けの情報を提供するものや、自

動車、ITなど特定の分野の業界に関するものなどがある。（ネットより）

専門家によると、イノベーションは、

紙→インターネット→クラウド→ビッグデータ

と行くと言います。

さてそのクラウドサービスもVertical SaaSの時代へというわけです。

ここからは受け売りです。

Vertical SaaSの特徴を列挙します（参考、加世田敏宏氏ネットより）。

——Vertical SaaSとHorizontal SaaSの違い

Horizontal SaaS

業界横断型で、テーマが先、業界が後、のクラウドサービスです。

経理、HR、マーケティングのサポートをするクラウドサービスです。

現在は、業界横断型のHorizontal SaaS（水平、業界横断型SaaS）に勢いがあります。

二〇一九年のＩＰＯマーケットはHorizontal SaaSの当たり年と言われています。サイボウズ、Sansan、マネーフォワード、freee等がHorizontal SaaSの代表例です。アメリカ発のセールスフォース・ドットコムもこの型です。

時価総額もすごいですね。

時価総額（二〇二一年一月六日現在）
マネーフォワード　時価総額　二四〇九億円
　売上　七二億円　営業利益　マイナス二四億円（二〇一九年一一月期）
freee　時価総額　四九五七億円
　売上　六九億円　営業利益　マイナス二七億円（二〇二〇年六月期）
Sansan　時価総額　二二五一億円
　売上　一三三億円　営業利益　七・五億円（二〇二〇年五月期）

Vertical SaaS → 狭くて、尖れ！

特化型です。業種特化、カテゴリー特化、バックオフィス特化、ヘルスケア特化等、業界特有の課題、問題を解決するクラウドサービスです。

Vertical SaaSの特徴

①Winner Takes all

勝者総取りができます。ですから、早く着手するほうが有利です。早い者勝ちですね。

②コスパが良い

業界用語で、Lower CAC（Customer Acquisition Cost：顧客獲得単価）と言うそうです。要するにコスパが良いのですね。

昔、ある有名なコンサルタントに聞いたことがあります。

「本郷さん、テーマでやるより、業界向けのセミナーの方が顧客への浸透度が高いよ」

この言葉を思い出しました。

同質ターゲットです。すると効率的なマーケティング施策が取れます。

③深掘りができる

ターゲットが一業種ですから、ヨコテン、Up-sell、Cross-sellが行いやすいのもVertical

SaaSの特徴です。

Vertical SaaSを作る、利用する

よーいドンの世界です。

早い者勝ちです。

作ってもいいし、どこか勝ち馬に乗る戦略でもいいです。

――アマゾンキラー、ECのカテゴリーキラー

あのアマゾンキラーが現れました。shopifyモバイルというアプリです。

利用手数料がアマゾンに比べて格段に安く、すぐECができます。

コロナ禍で、多くの卸、あるいは小売りが手軽にECサイトが作れるとして、一気に普及しました。

broadband第一位にかがやいているアプリです。

「今まではフルフィルメントやストア分析など、ストア運営において最低限のことしかできなかったアプリですが、今ではパソコン上とほぼ同じ作業ができるようになっています。例えば、

商品追加もアプリ上から可能ですし、ストアのカスタマイズ（テーマ編集）もスマホからできます」（ネットより）

――データの重要性

『ワークマンは商品を変えずに売り方を変えただけでなぜ2倍売れたのか』（酒井大輔著、二〇二〇年、日経BP社）

ベストセラーですが、いかにワークマンが**データに基づく経営**をしているかよくわかります。

商品を変えないで、売り上げを二倍にするのに、お客さんのターゲットを変えただけなんですね。

この根拠が自社のデータでした。データが客層拡大に繋がりました。

客層拡大、データ経営

・変えたこと……データを見ながらなんでも変える

・変えなかったこと……標準化経営、ローコスト経営

事業立地の拡大

マーケットを変える↓SPAへシフト↓利益率

――守りも重要

初動の重要性

コロナの教訓ですが、いつも思うのは、初動対応の重要性です。

昔のメモを見ましたら、「初動対応（first response）の遅れは命取り」と書いていました。

どこかの経営書から、写したんでしょうね。

経営者も他人事ではない話です。

危機管理も重要なテーマ

コンティンジェンシープラン（Contingency plan：緊急時対応計画）のセミナーに行ったことも思い出しました。

でも、ただ聞いただけでしたね。

昔、「定期的に小さな危機があった方が、会社にとっては良い。その度に社内に緊張感が生まれる」とも言われていました。

昨今の災害も半端でありません。
経営者の重要な仕事が、一つ増えましたね。

コラム――

コロナと伝統

「コロナの後、直箸の習慣はなくなりますかね。
「なべをつつく」日本の伝統は？
しゃぶしゃぶは、お姉さんがとりわけしてくれる高級店しか残らない？」

――健康経営

「健康経営は企業の基礎体力の強化につながる」

これは、健康経営推進組織のキャッチです。
二、三年前から、ＣＨＯ（Chief Health Officer：健康管理最高責任者）を導入する企業が現れてきましたが、コロナは、**健康経営**を加速させましたね。
コロナ後のキーワードの一つは、健康経営かもしれません。

弊社も「ちょっとだけよ」ですが、健康経営のまねごとを始めました。

ＣＨＯを決めて、コーポレートドクターと契約し、オンラインでドクター相談ができる程度ですが。

人間は死ぬまで長生きできます。

昔、朝礼で毎日こんな唱和をしている会社がありましたが……。

「売り上げ第一、健康第二」

熱でたぐらいで、休むな！

つい最近まで、日本のカルチャーでした。

今は昔です。

――そして、義理を欠け！

岸元首相の長生きの三原則というのがあります。

私は、個人的に、気に入ってよく使っています。

①転ぶな
②風邪引くな！
③義理を欠け！

岸さんは特に③を強調していました。

「葬式の参列は特に危ない。寒いか、暑いかだから」

たしかに年を取ってから、友人の葬儀に参列して、具合を悪くする人もいます。

それを受けて、私のおやじに、葬式に行くなと言った記憶があります。おやじはそれ以来、絶対死ぬまで、葬式に行きませんでした。


そしてコロナ！

義理で、夜の街のなじみの店に行って、感染した人がいます。

義理を欠け！

コロナでもこの教訓は生きています(笑)。

――独断と偏見、コロナ後の理想的戦略とは？

今すぐ実行

①コロナ＞経済

健康経営の実践。

もう、社員の健康を第一に考えない企業は、人が集まらないでしょうね。

②分断

小商圏で成り立つビジネスモデルに変える。

インバウンド復活後はおまけと思ってビジネスモデルを構築する。

コロナ直後から、マイクロツーリズムを提唱した、星野リゾート代表の星野佳路氏の卓見はさすがですね。

③カネ余り

BSでの安定収益の確保、資産運用を真剣に考え、実行する。

④むしろコロナ後が怖い！

二〇二二年の**減速に備える。**今年はキモの年、漫然と送らない。

⑤格差、二極化の拡大

むしろ、**格差に着目したビジネス**を考える。

中期的目標

⑥アジアの時代は、グローバル化の終わり

やっぱり**中国ビジネス**は外せない。

⑦ホワイトカラーの行く末

時間をかけても、**組織をフラット化**に持っていく努力をする。

これは、規模がデカいほど大変ですが。

おわりに　ガラガラポン！　初心元年、ゼロスタートの年

――コロナ後の戦略（私の見立てと実行）

キーワードは次の成長！

ズバリ、成長戦略を取ることです。

コロナ直撃業種ほど、可能性を感じます。積極的にM＆Aができますし、でも、体力勝負です。カネ余りです。資金調達能力がキモでしょうね。

私の身近に、短期間に二〇店舗から五〇店舗に増やした人がいます。

また、コロナの混乱に乗じて、土地を買っている人がいます。コロナの金融緩和は、会社次第ですが、資金調達に困りません。

小売り、飲食、ホテル、コロナ直撃三業種は、逆に買収のチャンスでもあります。

大消費時代が来るとすれば、絶好のチャンスと言えます。

また、今こそ、伸ばすチャンスと考えている経営者は多い筈です。

足し算ではなく、掛け算の成長のチャンスでもあります。

昔、ある有名な経営者が、経済の変化を、

「海の色が変わった」

と表現していました。

コロナは試練でもありますが、天からもらったチャンスでもあります。

私個人的には、ガラガラポン！で、初心スタートできるなと考えています。


コロナでＤＸ化の促進とか言われていますが、すると、逆にガラガラポン！で自社を見直す覚悟が必要かな？

初心に戻ることです。中途半端はいけない。

むしろ、新しい会社を作った方が早いかも？

格差

実はこれも、キーワードではないか？と思っています。

テレワークでオフィス不況が来ると当初話題になりました。

でも、私は、それ以上に、同じ地域のオフィス賃料の格差に注目しています。

例えば、虎ノ門で坪五万円から、二万円までの差があります。

安い家賃のビルを磨けば、三万円で貸せるかもしれない。オフィスビルでもリノベの時代が来そうな気がします。

――私のチャレンジ

リモート会計事務所へのチャレンジ

コロナ後の世界は、**リモート経済が加速**することは、間違いありません。

その流れに乗りたいと、ＩＴとリモートだけに特化した、会計部門を立ち上げました。

七月一日スタートのほやほやです。

一切、お客さんのところに行かず、リモートで実践します。また、処理も、ＩＴで人手のかからない、一気通貫経理を目指します。

弊社だけではありません。

リモート会計事務所を目指す同業者は、多いはずです。

弊社が、勝つとは断言できません。これの、立ち上がりが早いか、私のいのちが早いかはわかりませんが（笑）。

個店経営の実践

前述しましたが、私の関係する法人（一〇〇人規模）で組織をフラット化し、小ロットで独立した法人のような運営を実験しました。

成果主義にし、成果配分も決めました。

テレワークの実践

とりあえず、やってみます。

これらの成否は、二〇二二年の経営ノートに書けます。

失敗してもいいやと思って始めました。

とまれ、今年もこの拙著にお付き合いいただきましてありがとうございました。

二〇二一年二月　本郷孔洋

【参考文献】（順不同）

・「コロナで民族大移動？ 存在意義が揺らぐ開業医」（『週刊ダイヤモンド』二〇二〇年六月二七日号、ダイヤモンド社）
・「特集 コロナ 国際化 高齢化で進む 首都圏分断 「移動なき社会」の未来」（『日経ビジネス』二〇二〇年一〇月五日号、日経BP社）
・「〝疫病史観〟の人類史 インカ帝国を滅ぼした天然痘 近代国家を生んだコレラ 」（飯島渉著、『週刊エコノミスト』二〇二〇年五月二六日号、毎日新聞出版）
・『文明と経済の衝突』（村山節・浅井隆共著、一九九九年、第二海援隊）
・『企業家としての国家 イノベーション力で官は民に劣るという神話』（マリアナ・マッツカート著、大村昭人翻訳、二〇一五年、薬事日報社）
・『目からウロコが落ちる 奇跡の経済教室【基礎知識編】』（中野剛志著、二〇一九年、KKベストセラーズ）
・『全国民が読んだら歴史が変わる 奇跡の経済教室【戦略編】』（中野剛志著、二〇一九年、KKベストセラーズ）
・『富国と強兵：地政経済学序説』（中野剛志著、二〇一六年、東洋経済新報社）
・「特集 コロナと「日本の借金」 大盤振る舞いのツケ」（『日経ビジネス』二〇二〇年九月二八日号、日経BP社）

・「金融市場　異論百出　物価低迷時代の今こそ知るべき現代のハイパーインフレの実態」（加藤出著、『週刊ダイヤモンド』二〇二〇年九月一九日号、ダイヤモンド社）
・「フロントランナー　創造の現場　ハッチ・ワーク（月決め駐車場の運営支援）月決め駐車場もっと便利に」（『日経ビジネス』二〇二〇年九月七日号、日経BP社）
・「世界鳥瞰　コロナ禍の最中も住宅価格上昇」（『日経ビジネス』二〇二〇年一〇月一二日号、日経BP社）
・「在宅勤務　テレワーク阻む日本型労務管理」（向井蘭著、『週刊エコノミスト』二〇二〇年七月二八日号、毎日新聞出版）
・「学者が斬る・視点争点「在宅7割」が不可能な理由」（吉田裕司著、『週刊エコノミスト』二〇二〇年一〇月六日、毎日新聞出版）
・「ケーススタディー　創業者からの経営継承　ジャパネットホールディングス　2代目経営、一気呵成の改革」（『日経ビジネス』二〇二〇年九月一四日号、日経BP社）
・「特集　経営改革の最終兵器　DXって何？」（『日経ビジネス』二〇二〇年三月三〇日号、日経BP社）
・「ケーススタディー　DXへのシフト　長谷工コーポレーション　DX抵抗勢力、説得の10年」（『日経ビジネス』二〇二〇年八月一〇日号、日経BP社）
・「特集　都市新序列　名門企業／地方財界」（『週刊ダイヤモンド』二〇二〇年九月一九日号、ダイヤモンド社）

・「編集長インタビュー　サイゼリヤ社長　堀埜一成氏　出店コストを半減する」（『日経ビジネス』二〇二〇年八月一七日号、日経BP社）

・「金融市場　異論百出　コロナバブルの異様なジレンマ　売れるフェラーリ、減らぬ失業者」（加藤出著、『週刊ダイヤモンド』二〇二〇年九月二六日号、ダイヤモンド社）

・「不便だと思われがちな在宅勤務は、むしろ営業力を強化する絶好のチャンス」（三浦和広著、『経営者通信 Vol.54』二〇二〇年七月号、イシン）

・『ワークマンは商品を変えずに売り方を変えただけでなぜ2倍売れたのか』（酒井大輔著、二〇二〇年、日経BP社）

敬称略

〈著者プロフィール〉
本郷 孔洋 （ほんごう よしひろ）
公認会計士・税理士

辻・本郷 グループ会長。辻・本郷 税理士法人前理事長。

早稲田大学第一政経学部卒業、同大学大学院商学研究科修士課程修了。公認会計士登録。

2002年4月に辻・本郷 税理士法人を設立し、理事長として国内最大規模を誇る税理士法人へと育て上げる。会計の専門家として会計税務に携わって30余年、各界の経営者・起業家・著名人との交流を持つ。2016年より現職。

東京大学講師、東京理科大学講師、神奈川大学中小企業経営経理研究所客員教授を歴任。「税務から離れるな、税務にこだわるな」をモットーに、自身の強みである専門知識、執筆力、話術を活かし、税務・経営戦略などの分野で精力的に執筆活動をしている。近著に『経営ノート2020』『資産を作る！ 資産を防衛する！』（いずれも東峰書房）ほか著書多数。

本郷孔洋の経営ノート2021
～ズバリ！ コロナ後のビジネス、大消費時代到来の予感～

2021年3月3日　　初版第1刷発行

著者　本郷孔洋
発行者　鏡渕 敬
発行所　株式会社 東峰書房
〒160-0022 東京都新宿区新宿4-3-15
電話　03-3261-3136　FAX　03-6682-5979
https://tohoshobo.info/
装幀・デザイン　小谷中一愛
印刷・製本　株式会社 シナノパブリッシングプレス

ISBN 978-4-88592-209-1 C0034
Printed in Japan

環境
ビジネス

「環境ビジネス」があしたを創る
～地球温暖化・CO_2・水問題で私たちができること～
本体1500円+(税)　ISBN: 9784885920899

続「環境ビジネス」があしたを創る
～太陽経済の誕生か?～
本体1500円+(税)　ISBN: 9784885921513

続々「環境ビジネス」があしたを創る
～黄金の10年がやってくる～
本体1500円+(税)　ISBN: 9784885921650

私の起業ものがたり
本体1400円+(税)　ISBN: 9784885921612

部下に贈る99の言葉
～本郷理事長が全社員に送ったメッセージ～
本体1400円+(税)　ISBN: 9784885921520

経営書から学んだ経営
～顧問先10000社の公認会計士が読んでいる経営書～
本体1400円+(税)　ISBN: 9784885921711

Entrepreneurship 101
日英2カ国語併記
失敗から学ぶ起業学入門
本体1500円+(税)　ISBN: 9784885921827

資産を作る！ 資産を防衛する！
日英2カ国語併記
Make assets! Defend your assets!
本体1500円+(税)　ISBN: 9784885921889

[東峰書房 × 本郷孔洋の書籍]

本郷孔洋の経営ノート

本郷孔洋の経営ノート2011
～今を乗り切るヒント集～
本体1400円+(税)　ISBN:9784885921254

本郷孔洋の経営ノート2012
～会社とトップの戦略的跳び方～
本体1600円+(税)　ISBN:9784885921353

本郷孔洋の経営ノート2013
～残存者利益を取りに行け！～
本体1400円+(税)　ISBN:9784885921490

本郷孔洋の経営ノート2014
～資産防衛の経営～
本体1400円+(税)　ISBN:9784885921629

本郷孔洋の経営ノート2015
～3年で勝負が決まる!～
本体1400円+(税)　ISBN:9784885921667

本郷孔洋の経営ノート2016
～常識の真逆は、ブルーオーシャン～
本体1400円+(税)　ISBN:9784885921766

本郷孔洋の経営ノート2017
～大航海時代のビジネスチャンス～
本体1400円+(税)　ISBN:9784885921865

本郷孔洋の経営ノート2018
～経営者に不可欠な、2つの眼～
本体1400円+(税)　ISBN:9784885921902

本郷孔洋の経営ノート2019
～いいね！ワールドと個店経営の時代～
本体1400円+(税)　ISBN:9784885921964

本郷孔洋の経営ノート2020
～バランスシートで稼ぎなさい～
本体1400円+(税)　ISBN:9784885922022